Andrea Erkert

Kinder brauchen Lernspaß

Lernkompetenz anders fördern –
selbstständiges Lernen lernen

Andrea Erkert

Kinder brauchen Lernspaß

Lernkompetenz anders fördern – selbstständiges Lernen lernen

Unser Buchprogramm im Internet: www.verlag-modernes-lernen.de

Externe Links
Der Verlag weist ausdrücklich darauf hin, dass eventuell im Text enthaltene externe Links vom Verlag nur bis zum Zeitpunkt der Buchveröffentlichung eingesehen werden konnten. Auf spätere Veränderungen hat der Verlag keinerlei Einfluss. Eine Haftung des Verlages ist daher ausgeschlossen.

Folgen Sie uns auf  

Gesamtherstellung in Deutschland: Löer Druck GmbH, Dortmund

Schrift: Alegreya Sans

Titelbild: © yanlev – stock.adobe.com

Bestell-Nr. 1328

ISBN 978-3-8080-0898-0

Inhalt

Vorwort 6

Zum Aufbau des Buches 8

Lernen richtig vorbereiten 10
Eine Umgebung zum Wohlfühlen schaffen und auf das Lernen umschalten

„Motivation“ heißt das Zauberwort 32
Kinder brauchen nicht nur Lob

Einfach leichter lernen 54
Wie man am besten vorankommt

Lernen mit allen Sinnen 76
Lernen über möglichst viele Sinneskanäle

So geht's mit Köpfchen 98
Einfach kreativ werden – Eselsbrücken für den Lernerfolg

Kleine Pausen tun gut 120
Lasst uns entspannen, damit auch unser Gehirn die Lerninhalte besser verarbeiten und behalten kann

Lernen aus Fehlern 142
Mit Erfolg und Misserfolg umgehen lernen

Anhang 164

Register 164

Literatur 165

Über die Autorin 167

Vorwort

Kinder im Alter von 5 bis 10 Jahren sollten im Hinblick auf ihr persönliches Weiterkommen lernen, wie sie durch eigene Initiative das Lernen planen und steuern können.

Das setzt jedoch voraus, dass Kinder wissen, wer ihnen – falls erforderlich – weiterhelfen kann. Zudem sollten die Kinder wissen, wo sie bei Fragen selbstständig recherchieren und wie sie knapp und präzise ihre Antworten formulieren können. Darüber hinaus sollten sie Lösungswege, die von anderen vorgestellt werden können, kritisch hinterfragen lernen.

Anders als in der Kita werden Einzelleistungen in der Schule immer noch stark durch Noten bewertet. Deshalb sollten kooperative Lernformen in der Klasse nicht zu kurz kommen. Sie schaffen nicht nur Abwechslung, sondern auch jede Menge interessante Team- und Lernerfahrungen, die die Kinder später auch im Berufsleben brauchen werden.

Nicht zuletzt gehören Selbstorganisation und Zeitmanagement zu den zentralen Bestandteilen des effektiven Lernens. Die Kinder sollten wissen, weshalb zu viel kreatives Chaos am Arbeitsplatz nicht gerade förderlich zum Lernen ist. Dabei sollten sie auch stets im Hinterkopf haben, was sie zum Lernen brauchen und was sie keinesfalls tun sollten, wenn sie sich nicht verzetteln wollen.

Um jedoch die Ziele zu erreichen, brauchen sie Bezugspersonen, die sie auf dem Weg zum eigenständigen Lernen begleiten und ihnen vorleben und zeigen, wie man voller Freude sich selbst organisieren und verschiedene Lerntechniken anwenden kann. Wird das beherzigt, kann das Lernen selbst in einer größeren Schulklasse erheblich erleichtert und der Lernspaß enorm gesteigert werden.

*„Alles Lernen ist nicht einen Heller wert,
wenn Mut und Freude dabei verloren gehen."*

Johann Heinrich Pestalozzi (1746–1827), Schweizer Pädagoge und Sozialreformer

Zum Aufbau des Buches

Wie Kinder voller Freude schneller und effektiver lernen und dabei auch Probleme selbstständig lösen sowie Zeitverlust, u. a. durch Ablenkung, verhindern können, wird anhand der vielen Praxisideen aus diesem Buch anschaulich dargestellt.

Im Buch finden Sie Praxisideen für die Klasse 1/2 und für die Klasse 3/4, die allesamt je nach ihrem Schwerpunkt den sieben Kapiteln zugeordnet wurden. Manche Praxisideen eignen sich jedoch auch für alle SchülerInnen der Klassenstufen 1 bis 4. Zudem enthält jedes Kapitel einen kurzen Theorieteil, sodass Sie sofort wissen, worauf es bei den dazu passenden Praxisideen ankommt.

Im ersten Kapitel **„Lernen richtig vorbereiten"** dreht sich alles darum, wie Kinder sich selbst organisieren lernen und dabei mehr Ordnung und bessere Ergebnisse erreichen können. Zudem lernen sie auf verspielte Weise, wie sie sich leichter auf das Lernen einstellen können, sodass sie von Anfang an konzentriert und motiviert dabei sind.

Das zweite Kapitel **„Motivation heißt das Zauberwort"** widmet sich neben der Motivation von außen, die z. B. durch Lob und Zuspruch erfolgen kann, vor allem auch der inneren Motivation, die sich auf die Lerneinstellung der Kinder bezieht. Zudem lernen die Kinder kleine Rituale kennen, die sich als Einstieg zum Lernen hervorragend eignen.

Im dritten Kapitel **„Einfach leichter lernen"** wird den Kindern bewusst gemacht, worauf sie achten sollten, damit sie gut vorankommen. Dabei lernen sie verschiedene äußere und innere Störfaktoren kennen, denen sie keineswegs machtlos ausliefert sind.

Das vierte Kapitel **„Lernen mit allen Sinnen"** widmet sich den fünf Sinnen, die unsere Wahrnehmung steuern und beim Lernen helfen. Dabei wird den Kindern auf verspielte Weise gezeigt, wie sie durch die Kombination mehrerer Sinne den Lernprozess verbessern und letztendlich auch den Lernerfolg steigern können.

Im fünften Kapitel **„So geht's mit Köpfchen"** werden den Kindern altbekannte Eselsbrücken vorgestellt, damit Lerninhalte schneller im Gedächtnis haften bleiben. In diesem Zusammenhang lernen sie auch, selbst kreativ zu werden, indem sie neue Eselsbrücken bauen. Mithilfe von lustigen Reimen, einfachen Merksätzen etc., lässt sich so neues Wissen im Handumdrehen mit bereits gespeicherten Inhalten verbinden.

Das sechste Kapitel **„Kleine Pausen tun gut“** befasst sich mit dem Sinn und Zweck von Pausen, die Sie jederzeit mit den Kindern einplanen können. Spielerisch wird den Kindern gezeigt, wie sie ihre Pausen sinnvoll vor allem auch in den Innenräumen nutzen können.

Im siebten und letzten Kapitel **„Lernen aus Fehlern“** sollen die Kinder sich auf verspielte Weise mit Pleiten, Pech und Pannen, die jeder von uns kennt, auseinandersetzen. Spielerisch sollen sie erfahren, wozu Fehler gut sind und wie sie sich vor allem durch Fehler besonders gut weiterentwickeln können.

Viel Spaß und Erfolg mit den Praxisideen wünscht

Andrea Erkert

„Es muss von Herzen kommen, was von Herzen wirken soll.“

Johann Wolfgang von Goethe (1749–1832), deutscher Dichter und Naturforscher

Lernen richtig vorbereiten

Eine Umgebung zum Wohlfühlen schaffen und auf das Lernen umschalten

Kinder sollen sich im Klassenzimmer wohlfühlen und mit großer Freude auf die Lerninhalte einlassen können. Damit das jedoch gelingt, sollte das Klassenzimmer lichtdurchflutet, angenehm temperiert und idealerweise in solchen Farben gestaltet sein, die die Lernfähigkeit der Kinder positiv beeinflusst und vor allem auch die Lernfreude steigert. Dazu zählen u. a. Himmelblau, Gelbgrün und Orange. Zudem sollten die Schultische möglichst höhenverstellbar sein, sodass Haltungsschäden vorgebeugt werden können. Besonders schön ist es, wenn Einzeltische vorhanden sind, die im Nu zusammengestellt werden können, sodass jederzeit sowohl Einzel- als auch Partner- und Gruppenarbeit möglich sind. Zudem sollten die Kinder möglichst schnell die Dinge zur Hand haben, die sie gerade zum Lernen brauchen.
Im Folgenden wird praxisnah gezeigt, was möglichst griffbreit auf dem Arbeitsplatz verwahrt werden sollte und wozu eine solche Vorgehensweise letztendlich gut sein soll. Indem sie alles gut im Blick haben, werden die Kinder nämlich nicht unnötig vom Lernen abgelenkt, sondern können in der Regel sofort anfangen. Miteinander lernen sie ein paar Ordnungshelfer kennen und dabei auch, kreativ zu sein. Es werden Möglichkeiten vorgestellt, wie sie ganz umweltbewusst z. B. mithilfe von alten Kisten nicht nur viel Platz schaffen, sondern auch im Handumdrehen ihre Sachen wiederfinden können. Auf diese Weise wird nicht nur viel Vorbereitungszeit gespart, sondern vor allem auch die Vorfreude aufs Lernen gesteigert.

„Gebraucht der Zeit, sie geht so schnell von hinnen,
doch Ordnung lernt euch Zeit gewinnen."

Johann Wolfgang von Goethe (1749–1832), deutscher Dichter und Naturforscher

Meine Arbeitsmaterialien

Zielgruppe: 1. und 2. Klasse

Material: 1 Bleistift, 1 Spielzeugauto

Zeitaufwand: evtl. 1 Stoppuhr oder Uhr mit Sekundenzeiger

Spielverlauf:

Zunächst überlegen sich alle am Tisch, welche Schulutensilien in der Regel griffbereit und gut sortiert auf dem Arbeitsplatz liegen sollten.

Danach übergeben Sie einem Kind einen Bleistift, das etwas dazu Passendes benennen darf, wie z. B. Füller, Stifte, Radiergummi und Schreibblock. Für jede richtige Antwort gibt es einen Punkt. Wird ein Begriff doppelt in der Runde erwähnt, gibt es einen Punktabzug. Wie viele Punkte wird die Gruppe wohl als Team erhalten? Das Spiel ist beendet, sobald dasjenige Kind, das die Spielrunde gestartet hat, den Bleistift wieder in den Händen hält.

In der zweiten Spielrunde dürfen die Kinder nun genauso verschiedene Dinge benennen, die nicht auf den Schultisch gehören und somit ablenken können und vielleicht sogar in der Schule verboten sind. Anstelle des Bleistifts wird ein Spielzeugauto verwendet. Mögliche Antworten können nun z. B. ein Spielzeugauto, ein Handy und Süßigkeiten sein. Das Spiel ist aus, sobald das erste Kind wieder an der Reihe ist und somit das Spielzeugauto in den Händen hält.

Variante für die 3. und 4. Klasse:

Eines der Kinder im Stuhlkreis erhält einen Bleistift und ein Spielzeugauto.

Auf Ihr Kommando hin darf nun das betreffende Kind den Bleistift in die Luft halten und sagen, was sich auf dem Arbeitsplatz befinden sollte. Im Anschluss daran zeigt es das Spielzeugauto her und sagt, was sich seiner Meinung nach nicht auf dem Arbeitsplatz befinden sollte. Für jede richtige Antwort gibt es einen Punkt. Danach übergibt es die beiden Sachen demjenigen Kind, das links neben ihm im Stuhlkreis sitzt.

Auf diese Weise geht's Immer weiter, bis das erste Kind wieder beide Sachen in den Händen hält. In diesem Moment stoppen Sie die Zeit.

Danach folgt gegen den Uhrzeigersinn eine neue Spielrunde, jedoch versuchen die Kinder, noch schneller die richtigen Antworten zu geben.

Mithilfe von einfachen Dingen, die etwas mit dem Lernen in der Schule zu tun haben können oder nicht, kann den Kindern verdeutlichst werden, was sie keinesfalls zum Lernen brauchen, da es sie unnötig vom Lernen ablenkt. Ein typisches Beispiel ist z. B. der Klingelton eines Handys oder ein Spielzeug.

Was ich wirklich brauche

Zielgruppe: 1.–4. Klasse

Material: –

Zeitaufwand: 5–10 Minuten

Spielverlauf:
Die Kinder führen miteinander das folgende Fingerspiel am besten im Stuhlkreis durch:

„Auf meinem Arbeitsplatz sollte nicht zu viel sein.
Alle zehn Finger in der Luft …

Ein bisschen Unordnung finde ich dennoch fein.
zappeln lassen

Es muss allerdings für mich übersichtlich bleiben.
Eine Hand an die Stirn halten …

Etwas suchen kann ich überhaupt nicht leiden.
und sich umschauen

Deshalb hole ich mir nur, was ich brauchen kann.
Sich am Kopf kratzen

Alles andere kommt zu einem späteren Zeitpunkt dran."
Mit dem Zeigefinger auf die imaginäre Armbanduhr am Handgelenk tippen

Mithilfe der Praxisidee lernen die Kinder, sich im Vorfeld zu überlegen, was sie z. B. für den Kunstunterricht brauchen. Danach können sie dann z. B. ihre Malutensilien holen und diese übersichtlich auf ihrem Arbeitsplatz platzieren, sodass sie sofort loslegen können.

Wer hat den Überblick?

Zielgruppe: 1. und 2. Klasse

Material: 1 Stoppuhr oder Sanduhr (1 Minute)

Zeitaufwand: 2–3 Minuten

Spielverlauf:
Wissen die Kinder, wo sich ihre Sachen befinden, die sie gerade für den Unterricht brauchen?
Zu Beginn benennen Sie bis zu vier Schulsachen, die die Kinder ruckzuck z. B. aus ihrer Schultasche oder einem Regal holen und auf ihrem Tisch platzieren dürfen. Nach einer Minute rufen Sie laut „Stopp!". Wiederholen Sie noch einmal, das was sie zuvor benannt haben, wie z. B. ein Schreibheft, ein Federmäppchen, ein Lesebuch und ein Lesezeichen.
Diejenigen Kinder, die alle gewünschten Sachen vor sich liegen haben, dürfen sich freuen und erhalten einen kräftigen Applaus von alle übrigen Kindern oder nur von Ihnen, falls die ganze Klasse die Aufgabe gut erfüllen konnte.

Variante für 3. und 4. Klasse:
Die Kinder bilden Kleingruppen und führen als Team das o. g. Spiel durch. In diesem Fall benennen Sie bis zu sechs Schulsachen. Nach einer Minute Spielzeit benennen Sie alle Sachen noch einmal. Diejenigen Gruppen, die alles richtig gemacht haben, gehören zu den Siegern.

Ziel ist es, den Kindern auf verspielte Weise bewusst zu machen, welche Arbeitsmaterialien z. B. für den Deutschunterricht gebraucht werden und vielleicht auch im Schulranzen sein sollten.

Unerledigt, in Bearbeitung oder fertig?

Zielgruppe: 1.–4. Klasse

Material: für jedes Kind 3 leere Holzkisten, Schuhkartons o. Ä. und 3 Tonpapierstreifen in den Ampelfarben (grün, gelb und rot), schwarze Stifte, 1 doppelseitiges Klebeband und Scheren

Zeitaufwand: 10–15 Minuten

Spielverlauf:
Auf die Vorderseite einer Holzkiste kleben Sie einen roten Streifen mit der Aufschrift „Unfertig". Die Kinder am Tisch sollen nun herausfinden, welche Arbeitsblätter speziell in der Kiste aufbewahrt werden sollen.
Wissen die Kinder, dass es sich um die noch nicht bearbeiteten Arbeitsblätter handelt, dann widmen sie sich der zweiten Kiste, auf deren Vorderseite Sie den gelben Streifen mit der Aufschrift „In Bearbeitung" kleben. Welche Arbeitsblätter sollen nun in der zweiten Kiste abgelegt werden?
Sobald eines von den Kindern weiß, dass es sich hierbei um die noch nicht vollständig bearbeiten Arbeitsblätter handelt, stellen Sie die letzte Kiste vor, auf deren Vorderseite Sie den grünen Tonpapierstreifen mit der Aufschrift „Fertig!" kleben. Bestimmt wissen alle sofort Bescheid, dass sich dort nur die vollständig bearbeiten Arbeitsblätter befinden können.

Anschließend legen Sie nun einen Stapel mit Arbeitsblättern auf den Tisch, die von den Kindern noch nicht, teilweise oder vollständig ausgefüllt sein können. Die Aufgabe der Kinder besteht jetzt darin, die Arbeitsblätter richtig zu sortieren und somit in die dazu passende Kiste zu legen.
Zum Schluss kontrollieren Sie gemeinsam mit den Kindern die einzelnen Kisten, bevor jedes Kind seine eigenen drei Kisten nach diesem Prinzip anfertigen darf.

Indem die Kinder ihre Arbeitsblätter in die entsprechenden Kisten legen, wissen sie genau, was noch zu tun ist oder bereits erledigt wurde. Indem später immer mehr Arbeitsblätter in die grüne Kiste gelangen, erkennen sie auf einen Blick, was sie bereits geschafft und somit geleistet haben.

Ideen für mehr Ordnungssinn

Zielgruppe: 1.–4. Klasse

Material: evtl. für jedes Kind z. B. 1 Becher oder 1 Tasse für Stifte, 1 Kiste oder 1 Mappe für Arbeitsblätter und 1 Zettelbox o. Ä., Acrylstifte

Zeitaufwand: 1–2 Minuten; evtl. 15–20 Minuten

Spielverlauf:
Mithilfe des folgenden Fingerspiels soll den Kindern im Stuhlkreis auf eine lustige Weise bewusst gemacht werden, dass viele Dinge z. B. in Kisten, Dosen & Co. aufbewahrt und somit schnell wiedergefunden werden können:

Der Erste sagt: „In den Schrank gebe ich meine Hose.
Die Stifte kommen jedoch in die Dose!"

Eine Faust bilden und dann den Daumen ausstrecken

Der Zweite sagt: „Für meine Stifte gibt es auch einen Becher oder eine Tasse!
Bunt bemalt, finde ich beides supertoll und klasse!"

Den Daumen und Zeigefinger ausstrecken

Der Dritte sagt: „Der Hahn sitzt auf auf der Miste.
Arbeitsblätter kommen in die Kiste!"

Den Daumen, Zeigefinger und Mittelfinger ausstrecken

Der Vierte sagt: „Für mich tut es auch eine Mappe.
Diese besteht aus einer Pappe."

Den Daumen, Zeige-, Mittel- und Ringfinger ausstrecken

Der Fünfte sagt: „Und was kann ich euch sonst noch sagen?
Ach ja, es gibt auch eine Zettelbox und andere Ablagen!"

Alle fünf Finger ausstrecken

Im Anschluss daran stellen Sie die o. g. Sachen für alle Kinder bereit, die aus unterschiedlichen Materialien bestehen und von den Kindern beschriftet und bemalt werden können, sodass jedes Kind sein Eigentum sofort erkennen kann.

Arbeitsblätter, Stifte & Co. und andere Dinge findet man viel leichter, wenn sie sich nicht einzeln und unsortiert im Schulranzen oder auf dem Arbeitsplatz befinden. Wie man bestimmte Arbeitsmaterialien schnell zur Hand haben kann, soll den Kinder mithilfe dieser Praxisidee verdeutlicht werden.

Unser Klassenzimmer

Zielgruppe: 1. und 2. Klasse

Material: für jedes Kind 1 weißes DIN-A3-Blatt Papier, Wachsmalstifte; evtl. für jede Kleingruppe 1 weißes DIN-A4-Blatt Papier und 1 Stift

Zeitaufwand: 10–15 Minuten

Spielverlauf:
Wie sollte das Klassenzimmer aussehen, damit sich alle wohlfühlen und gerne lernen?
Fragen Sie die Kinder, was sie darüber denken. Es ist schließlich ihr Klassenzimmer, in dem sie miteinander mehrere Stunden am Tag verbringen. Die Kinder holen ihre Malutensilien und malen das, was ihnen hierzu in den Sinn kommt. Das können dekorative Zimmerpflanzen, eine optische Trennung von Spiel- und Lernbereich, ausreichend Platz für Schulbücher, Kunstwerke & Co., eine Leseecke, ein gutes Licht, ein bequemer Stuhl und Multifunktionsmöbel sein.
Im Anschluss daran setzen sich die Kinder mit ihren Kunstwerken in den Stuhlkreis, wo sie sie der Reihe nach im Uhrzeigersinn vorstellen dürfen. Miteinander überlegen sie, welche Ideen sie für sinnvoll halten oder nicht. Die betreffenden Dinge können sie dann gemeinsam in der Praxis umsetzen, sodass alle gerne im Klassenzimmer verweilen.

Variante für die 3. und 4. Klasse:
Die Kinder bilden vier bis fünf Gruppen, die sich an jeweils einen Tisch setzen.
Immer ein Kind aus jeder Gruppe schreibt die Sachen auf, die alle in der Gruppe im Hinblick auf ihr Klassenzimmer für wichtig erachten.
Danach treffen sich alle im Stuhlkreis. Die einzelnen Gruppen lesen das vor, was sie aufgeschrieben haben.
Auf diese Weise werden sie auch viele Gemeinsamkeiten entdecken, von denen sie manches garantiert gut in der Praxis umsetzen können.

Für das Kind, welches das Bild gemalt hat, sind Pflanzen im Klassenzimmer im wahrsten Sinne des Wortes eine Herzensangelegenheit. Das Kind erzählte auch, dass ihm eine gute Klassengemeinschaft besonders am Herzen liegt.

Mein Federmäppchen

Zielgruppe: 1.–4. Klasse

Material: Federmäppchen, für jedes Kind zusätzlich 1 weißes DIN-A5-Blatt Papier und 1 Stift, Klebestreifen; evtl. Schulranzen

Zeitaufwand: 5–10 Minuten

Spielverlauf:
Jedes Kind holt sein Federmäppchen aus dem Schulranzen, das es vor sich auf den Tisch legt. Es öffnet sein Federmäppchen und schaut nach, ob alle Stifte vorhanden sind. Zudem sollten die Kinder auch ein Lineal, einen Anspitzer und gegebenenfalls auch einen Füller im Federmäppchen vorfinden, der zum Schreibbedarf gehört und dort ebenfalls Platz finden sollte. Unabhängig davon überprüft jedes Kind auch, ob der Bleistift und die übrigen Buntstifte gespitzt werden müssen. Währenddessen kleben Sie auf jeden Tisch ein weißes DIN-A5-Blatt Papier.
Die Aufgabe der Kinder besteht dann darin, die Mäppchen der anderen zu überprüfen und je nachdem, ob das dazu passende Zubehör fehlt oder nicht, dementsprechend zu bewerten. Dabei sollen sie auch herausfinden, ob die einzelnen Stifte stumpf oder spitz sind und vor allem auch alle Farben, die benötigt werden, vorhanden sind. Danach malen sie entweder einen Smiley oder einen traurigen Gesichtsausdruck mit heruntergezogenen Mundwinkeln auf das dazugehörige Blatt Papier.
Im Anschluss daran setzen sich die Kinder wieder auf ihre Plätze und schauen nach, wie die anderen den Inhalt ihres Federmäppchens beurteilt haben. Falls jedoch manche Beurteilungen nicht so gut ausgefallen sein sollten, können die betreffenden Kinder auch in der Klasse nachfragen, was sie in Zukunft anders machen sollten.

Variante:
Anstelle des Federmäppchens kommt nun der Schulranzen zum Einsatz. Dabei sollen die Kinder nachschauen, wie der Schulranzen gepackt wurde. So kommen beispielsweise schwere Bücher und Hefte weit nach hinten und leichterer Dinge, wie z. B. das Federmäppchen, nach vorne. In die Seitentaschen passen gut Brotdose und Trinkflasche. Zudem sollten Arbeitsblätter auch eingeordnet sein. Ansonsten verläuft alles so wie im vorherigen Spiel beschrieben.

Mithilfe der Praxisidee sollen die Kinder auf verspielte Weise lernen, auf den vollständigen Inhalt ihres Federmäppchen oder auf das richtige Packen ihres Schulranzens zu achten, damit sie die Dinge gleich zur Hand haben, die sie zum Lernen brauchen.

Arbeitsblätter einheften

Zielgruppe: 1. und 2. Klasse

Material: für jedes Kind 1 Schnellhefter und 1 gelochtes Arbeitsblatt, 1 Stoppuhr oder Uhr mit Sekundenzeiger; evtl. für jedes Kind zwei bis drei gelochter Arbeitsblätter

Zeitaufwand: 1–3 Minuten

Spielverlauf:
Alle Kinder sitzen zusammen am Tisch.
Während Sie nun die gelochten Arbeitsblätter verteilen, holen alle ihre Schnellhefter aus ihrem Schulranzen.
Auf ihr Kommando hin sollen die Kinder so schnell wie möglich ihre Arbeitsblätter richtig einheften. Wer es geschafft hat, steht schnell auf. Wie lange wird es wohl dauern, bis alle Kinder ihre Arbeitsblätter richtig eingeheftet haben und vor ihrem Tisch stehen? Stoppen Sie die Zeit.
In der nächsten Spielrunde versuchen alle, die Aufgabe noch schneller zu erledigen.

Variante für die 3. und 4. Klasse:
Die Kinder bekommen zwei bis drei verschiedenen Arbeitsblätter, die in jeweils einen Schnellhefter gehören. Das kann z. B. jeweils ein Arbeitsblatt für Mathe, Deutsch oder Musik sein.
Sobald Ihr Kommando erfolgt, dürfen alle Kinder die entsprechenden Schnellhefter aus ihrem Schulranzen holen und die Arbeitsblätter dementsprechend sortieren und einheften.
Welches der Kinder wird die Aufgabe am schnellsten meistern?

Mithilfe der Praxisidee üben die Kinder, ihre Arbeitsblätter richtig einzuheften und somit auch Ordnung zu halten. Auf diese Weise finden sie dann schnell das, was sie vielleicht in Bezug auf ihre Hausaufgaben brauchen.

Ordentliche Heftführung

Zielgruppe: 1.–4. Klasse

Material: –

Zeitaufwand: 5–10 Minuten

Spielverlauf:
Mithilfe des folgenden Fingerspiels soll den Kindern bewusst gemacht werden, dass eine ordentliche Heftführung das Lernen erleichtert:

„Mein Schnellhefter schaut super aus.
Egal ob in der Schule oder zu Haus'."
Den Daumen hoch halten

„Sauber und ordentlich soll es sein,
denn Flecken finde ich nicht so fein."
Auf sich selbst deuten. Danach mit dem rechten Zeigefinger auf den linken Handrücken tippen

„Ich schreibe auch ordentlich und fein."
So tun, als ob man schreiben würde

„Wem fällt jetzt auch etwas dazu ein?"

Am Schluss dürfen die Kinder der Reihe nach sagen, weshalb ihrer Meinung nach eine ordentliche Heftführung nützlich für das Lernen sein kann. Mögliche Antworten können sein: Weil man so Lerninhalte rasch wiederfinden, wiederholen, vertiefen und ergänzen kann.

Machen Sie den Kindern bewusst, dass sie nicht nur ordentlich ihr Hefte und Ordner führen, sondern sich auch eine schöne Schrift aneignen können, indem sie so wie hier abgebildet zunächst einmal üben, die vorgegebenen Linien einzuhalten.

Ordnung im Klassenraum

Zielgruppe: 1. und 2. Klasse

Material: 1 Stoppuhr oder Uhr mit Sekundenzeiger

Zeitaufwand: 5–10 Minuten

Spielverlauf:

Ein Klassenzimmer, das eine gewisse Ordnung hat, erleichtert das Lernen. Deshalb sollten auch unfertige Dinge nicht willkürlich im Klassenzimmer verteilt, sondern für den nächsten Schultag z. B. in bestimmten Regalen ordentlich aufbewahrt werden. Zudem ist es hilfreich, wenn man die Sachen, die man nicht mehr benötigt, aufräumt, sodass man diese jederzeit schnell wiederfinden kann.

Zu alledem können die Kinder, bevor sie das Klassenzimmer verlassen, ihre Papierreste und andere Dinge, die auf dem Boden liegen, zusammenfegen und entsprechend entsorgen.

Um Kinder zu etwas mehr Selbstständigkeit im Ordnunghalten anzuleiten, kann nun folgendes Spiel hilfreich sein:

Auf Ihr Kommando hin dürfen alle Kinder so schnell wie möglich ihr Klassenzimmer aufräumen und zwar so, dass sie das, was sie für den Unterricht brauchen, jederzeit wiederfinden können. Darüber hinaus sollen sie auch, falls nötig, den Boden kehren und ihre Tische putzen. Sobald die Kinder die Aufgabe erledigt haben, stoppen Sie die Zeit.

Am nächsten Tag verfolgen dann alle das ehrgeizige Ziel, möglichst noch schneller alles im Klassenzimmer aufzuräumen.

Variante für die 3. und 4. Klasse:

Es werden drei bis vier gleich große Gruppen gebildet.

Jede Gruppe bekommt einen Bereich zum Aufräumen.

Auf los geht's los! Diejenige Gruppe, die am schnellsten ihre Aufgaben erledigt hat, ist Sieger!

Indem die Kinder miteinander aufräumen, lernen sie auch, eine gewisse Ordnung zu halten, sodass sie nicht lange nach ihren Materialien suchen müssen. Indem sich alle im Klassenzimmer wohlfühlen, macht das Lernen gleich doppelt so viel Spaß.

„Motivation“ heißt das Zauberwort

Kinder brauchen nicht nur Lob

Kinder, die eingeschult werden, wollen zu den Großen gehören und endlich rechnen, lesen und schreiben lernen. Die vorhandene Motivation und Freunde nimmt jedoch relativ schnell wieder ab, wenn ihnen z. B. der Lernstoff viel zu schwer und die Hausaufgaben uninteressant erscheinen. Außerdem können andere Faktoren, wie z. B. Ablenkung, fehlender Antrieb, Krankheit und mangelnde Selbstdisziplin, die Lust am Lernen erheblich mindern.
Wie jedoch können die Kinder den inneren Schweinehund besiegen und sich wieder voller Freude auf das Lernen stürzen? Das ist gar nicht so einfach zu beantworten, da es unterschiedliche Gründe geben kann, weshalb Kinder gerade so und nicht anderes agieren können.
Das zweite Kapitel möchte darauf ein paar Antworten geben und zeigen, wie Kinder wieder so richtig Lust am Lernen bekommen können. Neben der Motivation von außen, die unter anderem durch Vorbilder, Lob und Ermutigungen entstehen kann, soll den Kindern vor allem bewusst gemacht werden, wie sie sich gerade fühlen, was sie persönlich wieder zum Lernen anspornen kann und wie sie sich auch selbst belohnen können. Es wird ihnen gezeigt, wie sie sich selbst Deadlines setzen können, um bestimmte Ziele zu erreichen. Darüber hinaus soll ihnen der Lerneinstieg durch kleine Rituale leicht gemacht werden, die ihnen übrigens viel Sicherheit, Orientierung, Halt und Selbstvertrauen geben. Zu alldem wird den Kindern im wahrsten Sinne des Wortes vor Augen geführt, wie sie den Lernstoff im Tagesablauf gut integrieren können.

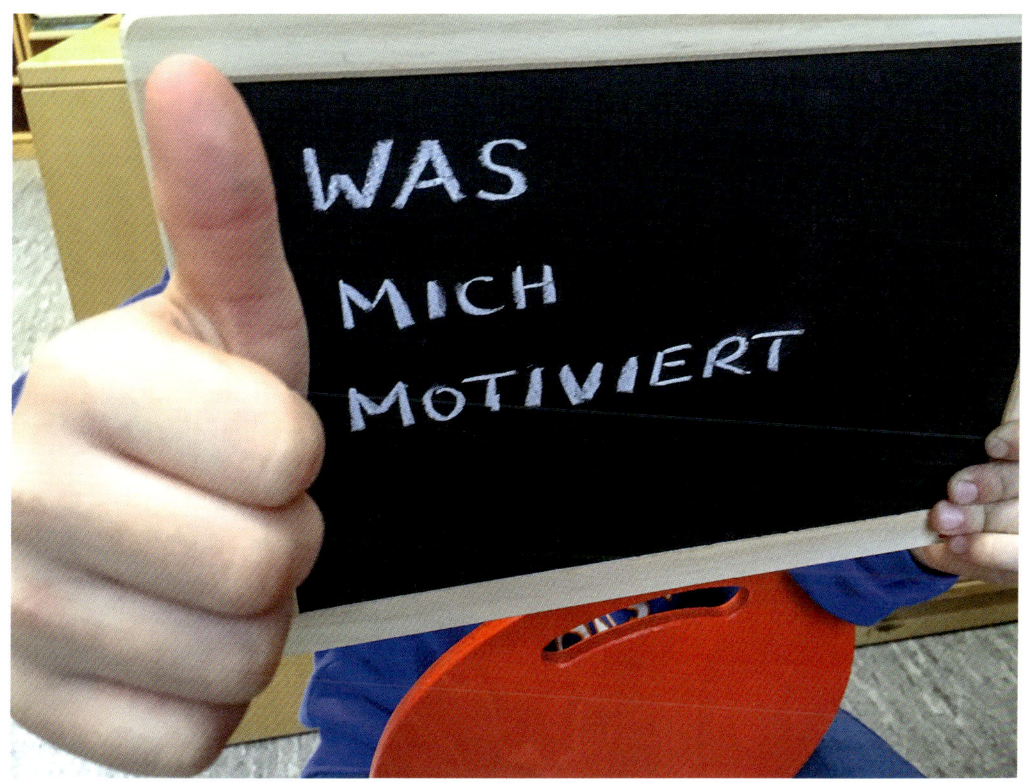

„Jeder Tag ist eine neue Chance, das zu tun, was du möchtest."

Friedrich Schiller (1759–1805), Arzt, Dichter, Philosoph und Historiker

Wozu lernst du?

Zielgruppe: 1.–4. Klasse

Material: -

Zeitaufwand: 10–15 Minuten

Spielverlauf:
Wenn man motiviert und voller Freude lernen soll, muss man natürlich auch wissen, wozu das Ganze gut sein soll. Mithilfe der folgenden Praxisidee können die Kinder das nun herausfinden:
Alle Kinder überlegen, wozu man in der Schule lernt. Passend dazu können Sie oder eines der Kinder dann jeweils eine Frage auf die Tafel schreiben. Eines der Kinder stellt sich dann vor die Klasse und tut z. B. so, als ob es ein Buch in der Hand halten und lesen würde. Dabei wendet es den Kopf unaufhörlich von links nach rechts. Wer weiß, was das Kind gerade macht? Wurde die richtige Antwort gegeben, die in diesem Fall „Lesen!" lautet, sagt das Kind z. B. laut:

„In der Schule lerne ich lesen, damit ich Bücher, Zeitungen, Preisschilder und vieles mehr lesen kann."

Das Kind wechselt dann mit einem anderen Kind seiner Wahl den Platz, das nun etwas Neues pantomimisch vorstellen darf. Passend dazu kann es z. B. so tun, als ob ein Instrument spielen würde.
Auf diese Weise finden noch ein paar Spielrunden statt.

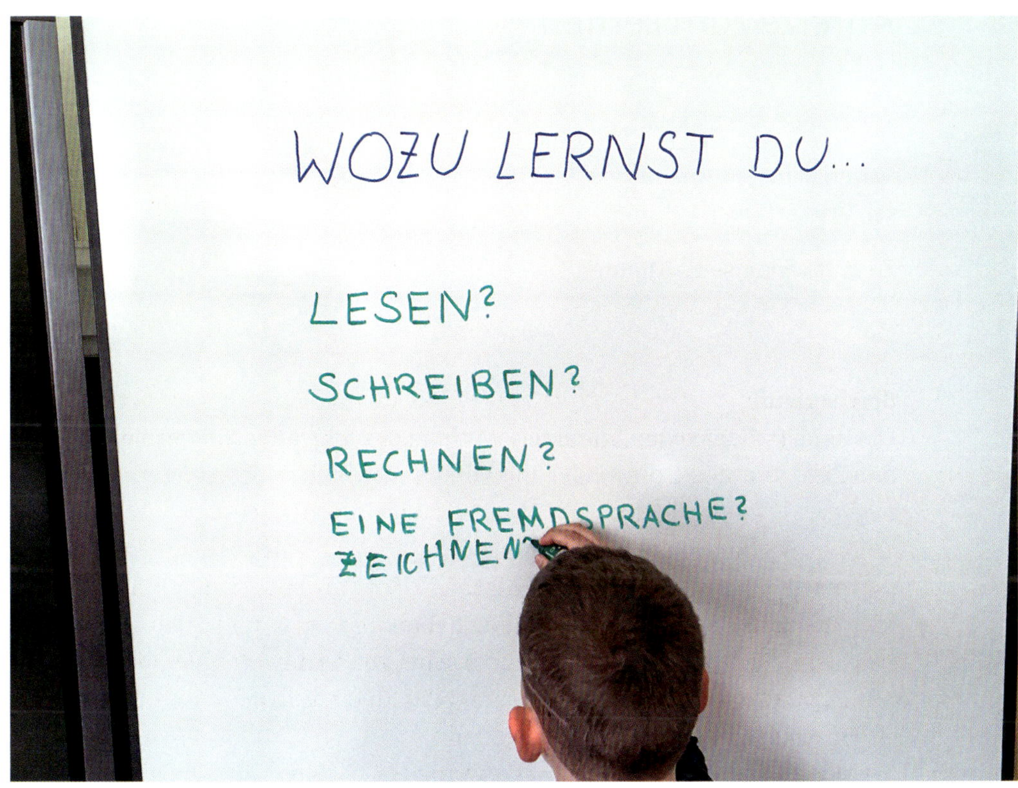

Indem die Kinder nicht nur aufschreiben, wozu sie in der Schule lernen, sondern daraus auch ein Ratespiel machen, wird ihnen auf unterschiedlichen Wegen gezeigt, wie bedeutsam Bildung für ihr persönliches Weiterkommen ist.

Anreize zum Lernen

Zielgruppe: 1.–4. Klasse

Material: für jedes Kind 1 weißes DIN-A3-Blatt Papier, 1 Wasserbecher und 1 Pinsel, Wasserfarben

Zeitaufwand: 15–20 Minuten

Spielverlauf:
Die Kinder bilden einen Stuhlkreis. Mithilfe des folgenden Fingerspiels werden nun Ziele formuliert, die Kinder animieren sollen, sich selbst zum Lernen zu motivieren:

„Ich mache gerne meine Deutschaufgaben.
Ich möchte eine Stelle als Bürokauffrau haben!"
Eine Faust bilden und erst den Daumen …

„Ich mache gerne meine Matheaufgaben.
Ich möchte eine Stelle als Handwerker haben."
dann den Zeigerfinger …

„Ich mache gerne meine Englischaufgaben.
Ich möchte keine Verständigungsschwierigkeiten haben."
und schließlich den Mittelfinger ausstrecken

„Und warum lernt du? Das möchte ich dich nun fragen.
Denk mal darüber nach, kannst du uns das sagen!"
Am Schluss auf irgendein Kind in der Runde deuten.

Die Kinder dürfen nun der Reihe nach im Uhrzeigersinn sagen, was sie in der Schule lernen und später erreichen möchten. Das kann z. B. eine bestimmte Berufsausbildung oder ein Studium sein, das sie gerne absolvieren möchten.
Im Anschluss daran malen alle ein dazu passendes Bild.

Wer als Feuerwehrmann oder Feuerwehrfrau Leben retten möchte, muss sportlich einiges draufhaben. Um zum Einsatzort zu gelangen, dürfen natürlich auch andere Kenntnisse, wie z. B. das Lesen und Schreiben nicht fehlen. Das Kind, welches das Feuerwehrauto gemalt hat, weiß schon einiges über die Feuerwehr und welche Voraussetzungen man hierfür mitbringen muss.

Zwischendurch loben

Zielgruppe: 1.–4. Klasse

Material: für jedes Kind 1 Malkittel, 1 Stein und Acyrlfarben in Gelb, Blau und Rot, 1 Klangschale

Zeitaufwand: 15–20 Minuten

Spielverlauf:
Die Kinder ziehen ihre Malkittel an, holen sich jeweils einen Stein und die o. g. Farben.
Jedes Kind darf nun seinen Stein mit ein bis drei Grundfarben bemalen.
Bevor jedoch die Kinder fertig sind, lassen Sie die Klangschale erklingen.
Im Anschluss daran steht ein Kind, das Sie namentlich benennen, auf, um ein anderes Kind für sein noch nicht fertiges Kunstwerk zu loben. Dabei darf es sagen, was ihm daran besonders gut gefällt. Das können z. B. die Farbkombinationen sein. Das Kind, das soeben gelobt wurde, geht dann auf ein weiteres Kind zu, um es für das, was es bereits geschaffen hat, zu loben.
Auf diese Weise geht's immer weiter, bis alle Kinder ein Lob erhalten haben und somit zum Weitermachen motiviert wurden.
Im Anschluss daran dürfen alle Kinder ihre fertig bemalten Steine in Augenschein nehmen und der Reihe nach kurz sagen, was ihnen persönlich besonders gut an ihrem eigenen Kunstwerk gefällt.

Indem die Kinder lernen, sich gegenseitig auch mal für das, was sie gerade tun, zu loben, werden sie in ihrem Können bestätigt und zum Weitermachen motiviert. Das wiederum macht sie stolz und selbstbewusst.

Mit sich selbst vergleichen

Zielgruppe: 1.–4. Klasse

Material: 1 Zahl z. B. aus Holz oder Pappe, 2 Karten, 1 Bleistift, 1 Turnschuh und 1 Instrument, wie z. B. 1 Gitarre

Zeitaufwand: 5–10 Minuten

Vorbereitung:
Legen Sie hierfür die o. g. Dinge, die auf jeweils ein bestimmtes Fach hindeuten, auf einen Tisch. Auf eine Karte schreiben Sie einfach ein Wort auf Englisch, wie z. B. „school" und auf der anderen einen Satz auf Deutsch, wie z. B. „Ich kann lesen!".

Spielverlauf:
Alle Kinder bilden einen Stuhlkreis um den Tisch und überlegen sich, was sie in den letzten Wochen dazugelernt haben. Das kann z. B. das Lösen von Additions- oder gar Multiplikationsaufgaben sein oder ein paar neue Vokabeln, die sie im Englischunterricht gelernt haben. Vielleicht ist es aber auch ein Lied, das sie nun z. B. mit der Gitarre oder einem anderen Instrument fehlerfrei vorspielen können. Danach darf eines der Kinder, das Sie aufrufen, in Richtung Kreismitte gehen, und sich z. B. den Turnschuh holen. Sobald jedoch das Kind auf seinem Platz sitzt, sagt es z. B.:

„Ich kann seit ein paar Tagen richtig gut Fußball spielen!"

Konnte das Kind sich mit sich selbst vergleichen, legt es den Schuh wieder zurück und ruft ein anderes Kind auf, das sich z. B. den Bleistift holt und passend dazu sagt:

„Ich kann nun viel besser als früher Aufsätze schreiben."

Auf diese Weise geht's immer weiter, bis alle Kinder an der Reihe gewesen sind.

Mithilfe der Praxisidee soll den Kindern bewusst gemacht werden, was sie bereits schon können bzw. alles dazugelernt haben. Auf diese Weise werden sie motiviert, ihr Wissen noch mehr zu vertiefen und zu erweitern.

Schritt für Schritt ans Ziel

Zielgruppe: 1.–4. Klasse

Material: -

Zeitaufwand: 3–5 Minuten

Spielverlauf:
Die Kinder sitzen zusammen im Kreis und machen folgendes Fingerspiel:

Der Erste sagt: „Ich habe einfach viel zu viel zu tun!
Ich bin müde. Was mache ich nun?“
Eine Faust bilden. Ausgehend von der Faust erst den Daumen …

Der Zweite sagt: „Du darfst nicht nur die viele Arbeit sehen.
Schritt für Schritt wird es viel besser gehen.“
dann den Zeigefinger …

Der Dritte sagt: „Prüfe was zu tun ist und plane gut.
Und mache dir einfach selbst Mut.“
den Mittelfinger …

Der Vierte sagt: „Manchmal tut eine kurze Pause gut.
Sie erhält du wieder viel Kraft und Mut!“
den Ringfinger …

Der Fünfte sagt: „Schritt für Schritt lässt du dann alles hinter dir.
So machen es auch BergsteigerInnen, glaube mir!“
und schließlich den kleinen Finger ausstrecken

Der Erste sagt: „Danke! Ich bin viel motivierter und fange jetzt an!
Schritt für Schritt komme ich bestimmt gut voran!“
Am Schluss lediglich den Daumen hoch halten

Wenn es viel zu tun gibt, sollten Kinder nicht nur wissen, wie sie ihre Aufgaben häppchenweise erledigen, sondern auch zwischendurch mal abschalten und neue Kraft tanken können. Das kann auch direkt am Platz sein, indem sie so wie hier abgebildet einfach für ein paar Minuten die Augen schließen, die Ruhe genießen und träumen.

Motivation im Team steigern

Zielgruppe: 1.–4. Klasse

Material: –

Zeitaufwand: 1–2 Minuten

Spielverlauf:
Alle Kinder sitzen zusammen im Kreis auf dem Boden und machen zu dem Text, den Sie vorlesen, Folgendes:

„Hallo! Wir fangen gleich an!
und was geschieht dann?"
Sich gegenseitig zuwinken

„Miteinander lernen macht Spaß.
So geben wir alle viel mehr Gas!"
Hände aneinander legen

„Arme hoch und ganz viel Freude
so starten wir als Team heute!"
Arme hochheben

Im Anschluss daran wünschen Sie allen viele tolle Teamerfahrungen, bevor die Kinder aufstehen und sich z. B. den von Ihnen gestellten Teamaufgaben widmen.

Indem die Kinder als Team gemeinsam starten, fühlen sich alle dazugehörig und wohl in der Klasse, sodass auch die Lust am gemeinsamen Lernen gesteigert wird.

Positiv denken

Zielgruppe: 1.–4. Klasse

Material: 1 Handtrommel, für jedes Kind bis auf eines 1 Paar Klangstäbe o. Ä.

Zeitaufwand: 5–10 Minuten

Spielverlauf:
„Ich kann das aber nicht!", „Das ist viel zu schwer!" oder „Ich bin zu blöd dazu!", sind typische Sätze, die nicht gerade zum Weitermachen motivieren. Erklären Sie den Kindern, dass unsere Gedanken einen großen Einfluss auf unsere Gefühle und unser Weiterkommen haben, bevor sie die folgende Klanggeschichte gemeinsam durchführen:

„Es gibt für mich einfach zu viel zu tun.
Ich kann das nicht! Was passiert nun?"
Handtrommel: Zu jeder Silbe einmal trommeln

„Ich fühle mich dumm und einfach sehr allein!
Aufgeben? Das kann es wohl nicht sein."
Handtrommel: Leiser als zuvor zu jeder Silbe trommeln

„Sorry, dass wir jetzt auch etwas dazu sagen
Du kannst die Arbeit aufteilen und uns fragen."
Klangstäbe: Alle erklingen lassen

„Finde keine Ausreden, sondern habe Mut.
Ganz entspannt mit einem Spruch geht's gut"
Mund: Alle sagen so wie beim Yoga einfach „Ooommm! Ich schaffe das!"

„Wir sind schließlich auch noch da!
Daumen hoch! Wir rufen alle laut Hurra!"
Alle Instrumente erklingen lassen

Mithilfe der Klanggeschichte soll den Kindern verdeutlicht werden, dass sie nicht den Glauben an sich selbst verlieren dürfen. Vielmehr sollen sie positiv denken lernen und wissen, dass andere auch für sie da sein und ihnen weiterhelfen können.

Futter fürs Gehirn

Zielgruppe: 1. und 2. Klasse

Material: –

Zeitaufwand: 3–5 Minuten

Spielverlauf:
Die Kinder sitzen zusammen im Stuhlkreis und überlegen, welche Snacks sich für den kleinen Hunger zwischendurch eignen bzw. „Futter fürs Gehirn“ darstellen und somit die Lernfreude steigern können. Wurden z. B. ein paar Obst- und Gemüsesorten und Hülsenfrüchte benannt, führen Sie gemeinsam mit den Kindern das folgende Spiel durch, bei dem Sie, ausgehend von der Kreismitte, bei jeder Silbe auf die einzelnen Kinder links herum im Kreis deuten:

„Gesundes Snacks sind zum Lernen fein!
Was fällt dir dazu Passendes gleich ein?“

Dasjenige Kind, auf das Sie zum Schluss deuten, darf einen gesunden Snack, wie z. B. getrocknete (Soft-)Aprikosen, Apfelschnitze, Karotten oder Erdnüsse benennen. Danach tauscht es den Platz mit Ihnen und wählt mithilfe des Spruchs ein neues Kind aus, das sich dazu äußern darf.

Variante für 3. und 4. Klasse:
Die Kinder sollen der Reihe nach im Uhrzeigersinn jeweils zwei gesunde Snacks benennen. Es dürfen keine Antworten wiederholt werden.
Falls nicht, probieren Sie einfach noch einmal das Gedächtnisspiel aus.

Gesundes Snacks sollten den Kindern jeden Tag zur Verfügung stehen. Zeigen Sie den Kindern das dazu passende Foto, das vor allem auch ein guter Gesprächseinstieg für die Praxisidee „Futter fürs Gehirn" sein kann.

Teamarbeit macht Freude

Zielgruppe: 1. und 2. Klasse

Material: evtl. Bauklötze o. Ä.

Zeitaufwand: 5–10 Minuten

Spielverlauf:
Miteinander Matheschwächen überwinden, sich neue Vokabeln aneignen oder mit einer Textaufgabe beschäftigen, macht Spaß und steigert die Motivation zum Lernen und Weitermachen. Wie wichtig Teamarbeit sein kann, soll den Kindern durch die folgende Klanggeschichte verdeutlicht werden, bei der alle ihren eigenen Körper als Instrument einsetzen dürfen:

„Alleine lernen gefällt mir leider nicht so sehr.
Mit Freunden lerne ich irgendwie viel mehr."
Füße: Nach jedem Satzende einmal auf den Boden stampfen

„Ich kann dich in diesem Punkt sehr gut verstehen.
Zum Lernen möchte ich auch zu Freunden gehen."
Hände: Nach jedem Satzende einmal mit den Fingern schnipsen

„Auch ich mag im Team lieber arbeiten als allein.
Miteinander fällt uns dann auch viel mehr ein."
Hände: Nach jedem Satzende einmal in die Hände klatschen

„Im Team kann man sich gegenseitig fragen
und sich auch gegenseitig die Meinung sagen."
Hände: Nach jedem Satzende mit den Händen auf die Oberschenkel patschen

„Im Team kann man Aufgaben untereinander aufteilen.
Auf diese Weise muss sich keiner so sehr beeilen."
Hände: Nach jedem Satzende über dem Kopf mit beiden Händen klatschen

„Ein Team motiviert zum Lernen und Arbeiten sehr.
Es entwickeln sich Freundschaften und noch viel mehr!"
Beide Daumen hochhalten

Am Schluss können die Kinder etwas im Team bewerkstelligen, wie z. B. einen gemeinsamen hohen Turm bauen. Dabei können Sie den Kindern bewusst machen, dass man ein Haus, einen Turm und dergleichen auch niemals alleine bauen kann. So braucht man u. a. Architekten, Ingenieure, HandwerkerInnen und BauarbeiterInnen. Es muss Hand in Hand gearbeitet werden.

Teamarbeit hat viele Vorteile: Die Kinder kommunizieren sehr viel miteinander, tauschen Infos untereinander aus, stimmen sich gegenseitig ab und verfolgen gemeinsam ein Ziel, indem sie z. B. so wie hier gemeinsam einen hohen Turm bauen. So macht nicht nur das gemeinsame Spielen, sondern auch Lernen viel Spaß.

Sprüche für mehr Motivation

Zielgruppe: 1.–4. Klasse

Material: 3 Zettel, 1 Stift

Zeitaufwand: 3–5 Minuten

Vorbereitung:
Schreiben Sie die drei Sprüche von Wolfgang von Goethe (1749–1832) auf jeweils einen Zettel, den Sie in der Mitte zusammenfalten:

1. „Wenn man ins Wasser kommt, lernt man schwimmen."
2. „Wenn du eine Antwort wissen möchtest, muss du vernünftig fragen."
3. „Erfolg besteht aus drei Buchstaben: TUN."

Spielverlauf:
Erklären Sie den Kindern, dass viele Persönlichkeiten, wie z. B. DichterInnen, PolitikerInnen und SportlerInnen Motivationssprüche und Zitate erfunden haben. Dazu gehört auch Johann Wolfgang von Goethe, der ein deutscher Dichter und Naturforscher gewesen ist. Sie tragen dazu bei, unsere Lustlosigkeit zu überwinden und unser Selbstvertrauen zu stärken.
Bitten Sie nun eines der Kinder, am Tisch einen Zettel auseinanderzufalten. Es darf nun den Spruch, der auf dem Zettel steht und z. B. unter Punkt 1 aufgeführt ist, entweder alleine oder mit Ihrer Hilfe laut vorlesen. Das Kind soll sich nun Gedanken darüber machen, was damit konkret gemeint sein kann. Erst wenn alle wissen, dass man nur im Wasser und nicht auf dem Land richtig schwimmen lernen kann, darf es auf die gleiche Weise einen neuen Satz bilden, indem es z. B. sagt: „Wenn man die Musikschule besucht, lernt man ein Instrument zu spielen!" Es übergibt dann den Zettel demjenigen Kind, das links neben ihm am Tisch sitzt und sich nun dazu äußern darf. Dabei kann es z. B. sagen: „Wenn man sich aufs Fahrrad setzt, lernt man Fahrradfahren."
Erst wenn alle Kinder an der Reihe gewesen sind, ist das Spiel beendet.
Auf diese Weise werden auch die übrigen zwei Sprüche vorgestellt und besprochen.

Nachdem die drei o. g. Sprüche der Reihe nach vorgelesen und gemeinsam mit den Kindern besprochen wurden, können die Kinder ihre eigenen Sprüche für mehr Motivation aufschreiben, die sie nun selbst erfinden und später der Reihe nach im Stuhlkreis vorstellen dürfen.

Einfach leichter lernen

Wie man am besten vorankommt

Es gibt Kinder, die relativ schnell mit ihrer Arbeit fertig sind und andere, die scheinbar alle Zeit der Welt haben. Sie trödeln, träumen und lassen sich von anderen Dingen gerne ablenken oder schieben gar Aufgaben, die für sie auf den ersten Blick nicht so attraktiv erscheinen, einfach auf. Es können jedoch auch andere innere und äußeren Störreize, wie z. B. Unwohlsein, Lärm und schlecht gelüftete Räume, die Konzentration und Ausdauer und letztendlich den Lernerfolg erheblich beeinträchtigen. Unabhängig davon gibt es eine Reihe von Möglichkeiten, die Kindern eindrucksvoll bewusst machen, wie sie leichter lernen und die ihnen gestellten Aufgaben schneller erledigen können.
Im folgenden Kapitel sollen die Kinder zunächst ein paar wesentliche innere und äußere Störfaktoren kennenlernen, die zum Teil auch schnell beseitigt werden können. Sie erfahren, was sie tun können, wenn sie Lerninhalte nicht verstehen oder nur die Hälfte von dem, was sie wissen sollten, begreifen. Miteinander üben sie deshalb gut zuzuhören und auf verspielte Weise eine To-Do-Liste zu erstellen. Zudem lernen sie auch andere Lerntechniken kennen, auf die sie jederzeit rasch zurückgreifen können, falls sie noch Dinge wiederholen, üben und festigen wollen. Darüber hinaus wird ihnen bewusst gemacht, weshalb sie ausreichend Wasser trinken und den Lernstoff in kleine Portionen einteilen sollten. Nicht zuletzt werden ihnen Möglichkeiten vorgestellt, wie sie sich selbst belohnen können, sobald sie ein Zwischenziel erreicht haben.

„Habe Mut, dich deines eigenen Verstandes zu bedienen."

Immanuel Kant (1724–1804), deutscher Philosoph der Aufklärung

Kennst du die Konzentrationskiller?

Zielgruppe: 1. und 2. Klasse

Material: 1 Softball, evtl. 1 rotes DIN-A4-Tonpapier, 1 Stift

Zeitaufwand: 10–15 Minuten

Spielverlauf:
Alle Kinder sitzen zusammen am Tisch und überlegen, welche äußeren Störfaktoren das Lernen in der Schule beeinträchtigen können. Die Antworten können Sie auf ein rotes Tonpapier schreiben. Danach bilden sie einen Kreis. Eines von Ihnen holt sich einen Ball und sagt z. B.:

„Beim Lernen stört mich, wenn andere Kinder laut sind!"

Diejenigen Kinder, die die gleiche Meinung vertreten, heben die Hand. Unabhängig davon wirft es dann den Ball einem anderen zu, das das Spiel fortsetzt, indem es passend dazu z. B. sagt:

„Beim Lernen stört mich, wenn es zu kalt im Klassenzimmer ist!"

Dabei dürfen diejenigen Kinder, die diesem Kind beipflichten, die Hand heben, bevor das Kind dann den Ball einem weiteren Kind zuwirft.
Auf diese Weise wird das Ballspiel so lange fortgesetzt, bis alle Kinder zu Wort gekommen sind.
Zum Schluss sollten Sie den Kindern noch einmal verdeutlichen, dass äußere Störfaktoren, wie z. B. Hitze, schlechte Luft, Straßenlärm, das Ticken der Uhr oder gar ein nervöses Kind, das gerade neben einem sitzt, so manches Kind beim Lernen ganz schön stören kann.

Variante für die 3. und 4. Klasse:
Im Gegensatz zu dem vorherigen Kreisspiel wandert nun der Ball von Hand zu Hand links im Kreis herum. Dabei darf sich immer dasjenige Kind, das gerade den Ball in den Händen hält, zu dem Thema äußern. Bevor das jedoch geschieht, wiederholen alle Kinder der Reihe nach das, was bereits vor ihnen gesagt wurde.
Danach überlegen sie, ob es Möglichkeiten gibt, manche Störfaktoren zu beseitigen.

Zu Beginn können Sie oder die Kinder ein paar Störfaktoren, die den Kindern spontan in den Sinn kommen, auf ein Plakat schreiben. Indem die Antworten dann im Stuhlkreis wiederholt und ergänzt werden, wird den Kindern besonders verdeutlicht, was sie davon abhalten kann, sich auf eine Aufgabe bewusst einzulassen und somit zu konzentrieren.

Was mich ablenken kann

Zielgruppe: 1. und 2. Klasse

Material: für jedes Kind 1 kleiner Stein, evtl. Acrylfarben und für jedes Kind 1 Pinsel

Zeitaufwand: 3–5 Minuten

Spielverlauf:
Die Kinder sitzen zusammen im Stuhlkreis und erhalten von Ihnen jeweils einen Stein, den sie zuvor bemalen können. Miteinander überlegen sie, was sie davon abhalten kann, sich bewusst auf eine Sache einzulassen.
Die Kinder dürfen der Reihe nach ihre Steine kreisförmig im Innenkreis auf den Boden legen und sich dazu äußern. Beispiele für Störfaktoren sind: Ärger, Frust, Müdigkeit, innere Unruhe, Krankheit und Versagensängste.
Sobald jedoch alle Kinder zu Wort gekommen sind, weisen Sie auf den Kreis aus Steinen hin, den es zu durchbrechen gilt, um sich wieder auf Lerninhalte einlassen zu können.

Variante für die 3. und 4. Klasse:
Im Gegensatz zu dem o. g. Spiel ordnen Sie mithilfe von fünf Steinen einen Kreis auf dem Boden an.
Ein beliebiges Kind geht in Richtung Innenkreis und benennt fünf innere Störfaktoren. Dabei deutet es der Reihe nach im Uhrzeigersinn auf die einzelnen Steine. Anschließend tauscht es den Platz mit einem anderen, das auf die gleiche Weise fünf innere Störfaktoren benennt.
Indem jedes Kind sich dazu äußert, entdecken sie auch viele Dinge, die nicht nur einzelne Kinder stören und vom Lernen ablenken können.

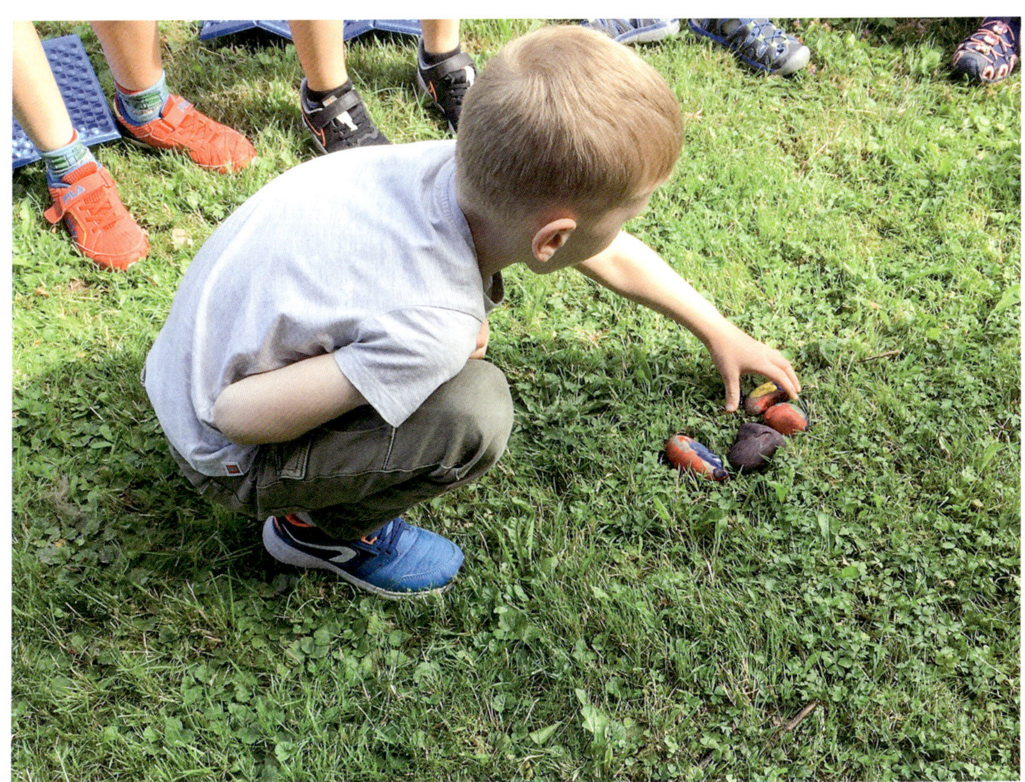

Obwohl Störfaktoren, die auf dem Bild durch die bemalten Steine symbolisiert werden, nicht gerade schön sind, können diese auch als eine Herausforderung betrachtet werden, die man gemeinsam meistern kann. Die verwendeten Farben sollen den Kinder verdeutlichen, dass es durchaus auch hierfür Lösungen geben kann.

Frag einfach nach!

Zielgruppe: 1. und 2. Klasse

Material: –

Zeitaufwand: 5–10 Minuten

Spielverlauf:
Den Kindern soll durch das folgende Fingerspiel verdeutlichen werden, dass sie jederzeit nachfragen können, falls sie etwas nicht verstanden haben:

Der Erste sagt: „Ich frage nach, damit ich gut mitmachen kann,
ansonsten weiß ich nichts mehr irgendwann."

Eine Faust bilden. Den Daumen und ....

Der Zweite sagt: „Wenn ich nachfrage, komme ich weiter.
Wenn ich es verstehe, bin ich gescheiter."

dann den Zeigefinger ...

Der Dritte sagt: „Ich notiere mir alle meine Fragen.
So kann ich leichter nachfragen."

sowie den Mittelfinger ausstrecken

Der Vierte sagt: „Ich verwende Lernvideos gern.
Computer oder Tablet mag ich gern."

Dann noch den Ringfinger ausstrecken und ...

Der Fünfte sagt: „Jeder kann etwas tun, um alles richtig zu verstehen,
Denn wir wollen nicht dumm in die Welt hinaus gehen."

schließlich alle fünf Finger in der Luft zappeln lassen

Variante für die 3. und 4. Klasse:

Die Kinder verwenden den Text für ein kleines Rollenspiel.
Dabei dürfen sich fünf Kinder, die sich freiwillig melden, nebeneinander vor die Klasse stellen. Immer dasjenige Kind, das gerade an der Reihe ist, tritt einen Schritt nach vorne.
Erst wenn alle Kinder wieder nebeneinander stehen, ist das Rollenspiel beendet.

Was tun, wenn man auf eine Frage keine Antwort hat? Miteinander können die Kinder z. B. gemeinsam Lernvideos für Kinder anschauen, sich Bücher aus der Bibliothek ausleihen oder einfach Freunde oder Erwachsene fragen. Es gibt viele Möglichkeiten, um Lösungen zu finden und somit ans Ziel zu gelangen.

Zuhören und verstehen

Zielgruppe: 1. und 2. Klasse

Material: –

Zeitaufwand: 10–15 Minuten

Spielverlauf:
Mithilfe des folgenden Stuhlkreisspiels soll den Kindern verdeutlicht werden, wie man das Zuhören lernen und davon profitieren kann:
Eines der Kinder erhält das Wort. Während nun das Kind etwas über sich erzählt, signalisieren alle, dass sie aufmerksam zuhören, indem sie eine Hand ans Ohr halten. Damit sie mehr über das betreffende Kind erfahren, merken sie sich z. B. die benannten Hobbys oder Freunde, mit denen es gerne zusammen seine Freizeit verbringt.
Im Anschluss daran ruft das Kind ein beliebiges Kind auf, welches das, was es gerade erzählt hat, wiederholen darf. Die übrigen Kinder halten wieder eine Hand ans Ohr und hören aufmerksam zu. Falls es von den anderen nichts mehr zu ergänzen gibt, darf das nächste Kind etwas über sich berichten.
Auf diese Weise finden noch ein paar Durchgänge statt.

Variante für die 3. und 4. Klasse:
Im Gegensatz zu dem o. g. Spiel darf stets dasjenige Kind, das gerade an der Reihe ist, den übrigen Kindern z. B. eine Matheaufgabe vorstellen, indem es z. B. sagt:

„500 : 100 = 5 und 5 × 100 = 500“

Wer hat gut zugehört und kann das Ganze wiederholen?

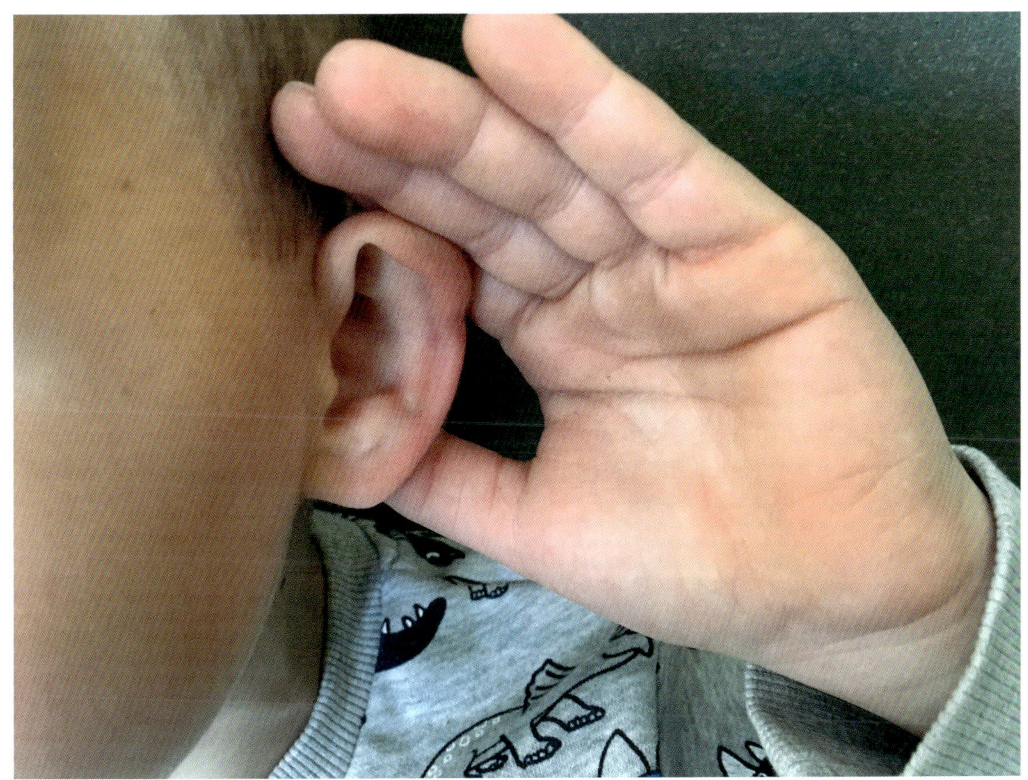

Erklären Sie den Kindern, die zusammen im Stuhlkreis sitzen, dass das Zuhören eine Grundvoraussetzung ist, um andere und somit auch Schulaufgaben überhaupt verstehen zu können. Indem sie beim Zuhören eine Hand ans Ohr halten, soll ihnen das noch einmal so richtig bewusst gemacht werden.

Immer schön der Reihe nach

Zielgruppe: 1. und 4. Klasse

Material: für jedes Kind 1 weißes DIN-A4-Blatt Papier, 1 Stift, 1 Kopie des Arbeitsblatts „Meine To-Do-Liste" von S. 65

Zeitaufwand: 15–20 Minuten

Spielverlauf:
Die Kinder sitzen zusammen an einem Tisch. Miteinander sollen die Kinder überlegen, wozu eine To-do-Liste gut sein kann. Dabei können die Kinder nacheinander z. B. sagen:

Eine To-do-Liste ist sinnvoll, um ...

sich nicht zu verzetteln, keine unnötige Zeit zu verschwenden, festzuhalten, welche Aufgaben anstehen, Aufgaben übersichtlich darzustellen, Aufgaben nach der Priorität zu sortieren, nichts zu vergessen, den Kopf zu befreien etc.

Danach verläuft das Spiel so ähnlich wie das altbekannte Kinderspiel „Alle Vögel fliegen hoch!". Dabei hält jedes Kind ein Blatt Papier und einen Stift in der Hand. Während Sie z. B. sagen

– „Eine To-do-Liste ist sinnvoll, um eine Übersicht über den Arbeitsaufwand zu erhalten!",

heben Sie ihr Blatt Papier und den Stift in die Luft. Die Kinder tun es Ihnen gleich, sobald sie glauben, dass Sie die Wahrheit sagen. Ansonsten lassen sie ihre Sachen einfach auf dem Tisch liegen. Wer jedoch falsch reagiert, gibt ein Pfand ab, das es später einlösen darf.
So geht's noch ein paarmal weiter, bis das Spiel schließlich beendet ist.
Danach erhält jedes Kind eine Kopie der To-do-Liste von S. 65, bei der es nun z. B. alle Hausaufgaben, die es heute bekommen hat, mit dem heutigen Datum eintragen darf. Was zuerst gemacht werden soll oder nicht, entscheidet jedes Kind selbst. Sobald jedoch etwas zu Hause erledigt wurde, darf das Kind einen lachenden Smiley mit hochgezogenen Mundwinkeln hinter der Aufgabe malen.

Meine „TO-DO-LISTE“

Immer schön der Reihe nach *Datum:* ______________

Aufgaben	Erledigt/Smiley
1. ______________	______________
2. ______________	______________
3. ______________	______________
4. ______________	______________
5. ______________	______________
6. ______________	______________
7. ______________	______________
8. ______________	______________
9. ______________	______________
10. ______________	______________

Lernen mit Post-it-Haftzetteln

Zielgruppe: 1. und 2. Klasse

Material: Post-it-Haftzettel und 1 Stift

Zeitaufwand: 10–15 Minuten

Spielverlauf:
Haftzettel sind günstig und können im Gegensatz zu den digitalen Medien nahezu überall angebracht werden. Wie sie jedoch zum Lernen eingesetzt werden können, soll den Kindern durch das folgende Stuhlkreisspiel verdeutlicht werden: Fragen Sie die Kinder, ob sie wissen, wie man z. B. das Wort „Knie" schreibt. Rufen Sie ein beliebiges Kind auf, das sich per Handzeichen meldet. Es darf auf einem Heftzettel das Wort aufschreiben und, falls es das Wort nicht richtig schreiben kann, es noch einmal mit ihrer Hilfe korrekt auf einen weiteren Heftzettel schreiben, den es dann auf sein Knie klebt.
Auf diese Weise finden noch ein paar Durchgänge statt.

Variante für 3. und 4. Klasse:
Im Gegensatz zu dem vorherigen Spiel fragen Sie die Kinder nun, was auf Englisch z. B. Nase (nose), Ohr (ear), Arm (arm), Hand (hand), Knie (knee) oder Fuß (foot) heißt. Wer jedoch die Antwort nicht weiß, erhält von Ihnen jeweils einen Haftzettel, auf dem sie erst auf Deutsch und dann auf Englisch das Wort schreiben, bevor sie diese dann auf die dazu passenden Körperteile kleben.
Auf diese Weise findet noch eine Spielrunde zum Lernen von Vokabeln statt.

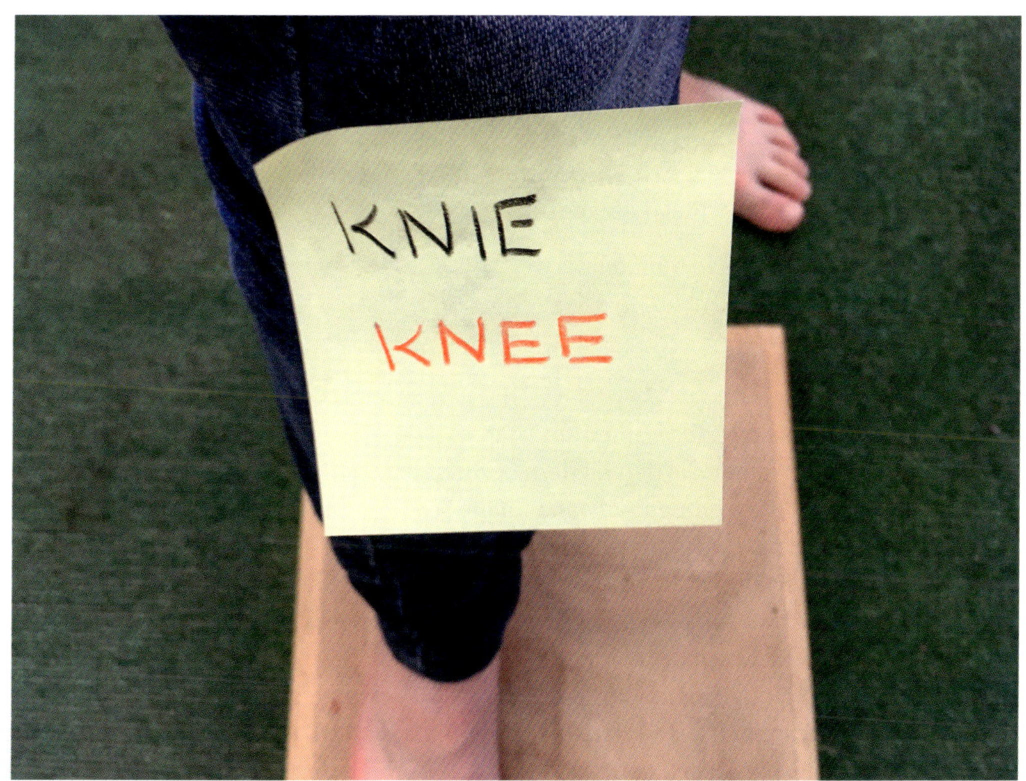

Machen Sie den Kindern bewusst, dass sie die Haftzettel nicht nur auf Körperteile, sondern auch auf Wände, Schränke & Co. kleben können, um z. B. Wörter, die sie noch üben müssen, immer wieder lesen und somit auch verinnerlichen zu können.

Wortsalat-Schachtel

Zielgruppe: 1.–4. Klasse

Material: jede Menge Notizzettel, für jedes Kind 1 weißes DIN-A4-Blatt Papier, 1 Stift und 1 Schachtel, 1 Ablage o. Ä.

Zeitaufwand: 5–10 Minuten

Spielverlauf:
Die Kinder sitzen zusammen am Tisch.
Zu Beginn sollten Sie den Kindern bewusst machen, dass man mit Zetteln nahezu überall ohne großen Aufwand für die Schule lernen kann. Wie das jedoch nun konkret in der Praxis aussehen kann, soll den Kindern jetzt verdeutlicht werden: Jedes Kind holt sich ein paar Zettel, ein Blatt Papier, einen Stift und eine Schachtel. Auf Ihre Anweisung hin schreibt jedes Kind auf jeweils einen Zettel ein Wort, von dem es weiß, wie man es schreibt.
Eines der Kinder beginnt und liest das vor, was es aufgeschrieben hat. Die übrigen Kinder schreiben das Wort dann auf ihr Blatt Papier. Zur Kontrolle zeigt das Kind den Zettel her. Diejenigen Kinder, die das Wort falsch geschrieben haben, schreiben es nun richtig auf jeweils einen Zettel, den sie zum Üben, Wiederholen und Festigen in ihre Schachtel legen.
Danach ruft das Kind ein weiteres Kind auf, das nun das Spiel mit seinem Aufschrieb fortsetzen darf.
So geht's immer weiter, bis alle Kinder an der Reihe gewesen sind.

Hinweis:
Jeden Tag dürfen nun alle Kinder die Wörter, die auf ihren Zetteln stehen, üben. Sobald sie jedoch ein Wort z. B. an drei aufeinanderfolgenden Tagen gelesen und auf ein separates Blatt Papier, und zwar ohne nachzuschauen, richtig schreiben konnten, dürfen sie den betreffenden Zettel in den Papierkorb werfen.

Notizblätter gibt sie in allen möglichen Farben und in verschiedenen Formaten. Indem die Kinder auf jeweils ein Notizblatt das aufschreiben, was sie noch nicht fehlerfrei schreiben können, lernen sie bereits, wie man das betreffende Wort schreibt. Zudem wissen sie genau, welche Wörter sie noch üben müssen.

Die drei W-Fragen

Zielgruppe: 1. und 2. Klasse

Material: Tablets, Lexika, Bilderbücher etc.; evtl. für jedes Kind eine Kopie des Arbeitsblatts „Die drei W-Fragen“ und 1 Stift

Zeitaufwand: 15–20 Minuten

Spielverlauf:
Die Kinder sollen sich am Tisch mit einem bestimmten Thema beschäftigen. Das kann z. B der Bauernhof sein. Jedes Kind soll zunächst sagen, was es über das Thema weiß. Danach sollen sich alle überlegen, wie sie sich weitere Informationen beschaffen können. Hierfür können sie natürlich nicht nur Bücher, sondern auch Lernvideos verwenden, um ihr Wissen zu vertiefen und zu erweitern.
Im Anschluss daran dürfen die Kinder Reihe nach erzählen, inwieweit sie ihr Wissen in Bezug auf das Thema vertiefen und erweitern konnten.
Ziel ist es, dass die Kinder lernen, sich selbstständig und intensiv mit einem bestimmten Thema auseinanderzusetzen.

Variante für die 3. und 4. Klasse:
Die Kinder erhalten jeweils eine Kopie des Arbeitsblatts von S. 71, das sie entweder alleine oder als Team ausfüllen können. Dabei kann bei der ersten Frage z. B. ein Kind etwas über die Arbeit auf dem Bauernhof, ein anderes über die Bauernhoftiere und ein drittes über das, was auf einem Bauernhof erzeugt und verkauft werden kann, herausfinden.
Unabhängig davon dürfen die Kinder oder Teams der Reihe nach dann ihre Antworten zu den einzelnen Fragen vorlesen, sodass die anderen gegebenenfalls ihre Antworten ergänzen können.

Die drei W-Fragen

zum Thema ______________________________

1. Was weiß ich über das Thema?

2. Wie verschaffe ich mir weitere Informationen?

3. Was weiß ich jetzt über das Thema?

Wasser stärkt das Gedächtnis

Zielgruppe: 1.–4. Klasse

Material: 1 Glas halbgefüllt mit Trinkwasser; evtl. 1 Messbehälter

Zeitaufwand: 3–5 Minuten

Spielverlauf:
Während alle einen Stuhlkreis bilden, holen Sie sich ein Glas halbgefüllt mit Trinkwasser. Miteinander dürfen sich alle überlegen, weshalb sie täglich ausreichend trinken sollten. Danach können Sie z. B. Folgendes sagen:

„Eine ausreichende Wasserzufuhr fördert die Verdauung."

Im Anschluss daran übergeben Sie demjenigen Kind, das links neben Ihnen im Stuhlkreis sitzt, das Trinkglas. Das Kind hat nun das Wort und fügt z. B. hinzu:

„Eine ausreichende Wasserzufuhr macht fit und munter."

Danach übergibt es das Trinkglas demjenigen Kind, das links neben ihm auf der Kreisbahn sitzt. Auf diese Weise geht's immer weiter, bis Sie wieder das Trinkglas in den Händen halten.
Ziel ist es, den Kindern bewusst zu machen, dass sie ausreichend trinken sollten.

Weitere Beispiele:
Eine ausreichende Wasserzufuhr fördert das Wohlbefinden, ist gut für die Gesundheit, unterstützt die Nieren bei der Arbeit, beugt Verstopfung, Erschöpfung- und Ermüdungssymptome sowie Ausdauer- und Konzentrationsschwäche vor.

Der tägliche Flüssigkeitsbedarf bei Grundschulkindern liegt bei ca. 940–970 ml und kann den Kindern so wie hier mithilfe eines Messbehälters sehr gut verdeutlicht werden. Deshalb sollten die Kinder beim Lernen auch stets die Möglichkeit haben etwas zu trinken.

Sei doch kein Trinkmuffel

Zielgruppe: 1.–4. Klasse

Material: evtl. für jedes Kind 1 weißes DIN-A4-Blatt Papier, Wachsmalstifte

Zeitaufwand: 5–20 Minuten

Spielverlauf:
Damit die Kinder sich das Wassertrinken vor und während dem Lernen zur Gewohnheit machen, eignet sich folgendes Fingerspiel, das sie gemeinsam im Stuhlkreis durchführen können:

Der Erste sagt: „Mit einem Glas Wasser starte ich meinen Tag,
das ich ohne Kohlensäure besonders mag."

Eine Faust bilden. Dann den linken Daumen ausstrecken und mit der rechten Hand so tun, als ob man aus einem Glas trinken würde

Der Zweite sagt: „Wasserhaltiges Obst und Gemüse ist auch gut.
Es ist für mein Wohlergehen ausgesprochen gut."

Den linken Daumen und Zeigefinger ausstrecken und mit der rechten Hand so tun, als ob man in ein Stück Obst, wie z. B. in einen Apfel, beißen würde

Der Dritte sagt: „Warmer Tee ohne Zucker finde ich klasse
Darauf hebe ich meine geliebte Teetasse!"

Den linken Daumen, Zeige- und Mittelfinger ausstrecken und mit der rechten Hand so tun, als ob man sich einander zuprosten würde

Der Vierte sagt: „Ein Glas Wasser werte ich im Handumdrehen auf.
Ich schmecke dann die hinzugefügte Minze heraus!"

Den linken Daumen, Zeige-, Mittel- und Ringfinger ausstrecken und mit dem rechten Zeigefinger auf den Mund tippen

Der Fünfte sagt: „Ohne Wasser könnten wir auch nicht leben.
Wasser zu haben, ist für uns alle ein Segen!"

Alle fünf Finger der linken Hand ausstrecken und mit dem rechten Zeigefinger rundherum auf die einzelnen Kinder deuten

Es gibt verschiedene Möglichkeiten, um den Körper mit ausreichend Wasser zu versorgen. Indem die Kinder nicht nur das Fingerspiel durchführen, sondern auch ein paar dazu passende Lebensmittel malen, wird ihnen das im besonderen Maße bewusst gemacht.

Lernen mit allen Sinnen

Lernen über möglichst viele Sinneskanäle

Jeder von uns kennt die fünf Sinne des Menschen: Sehen, Hören, Riechen, Schmecken und Tasten. Darüber hinaus sind aber auch der Bewegungs- und Gleichgewichtssinn relevant. Die Sinnes- und Bewegungserfahrungen bilden die Basis für jedes Lernen. Dabei ist es wichtig, dass möglichst viele Sinne zum Einsatz kommen, sodass bereits kleine Kinder auf vielfältige Weise sich selbst und ihre Umwelt entdecken und erleben können.
Nach dem multisensorischen Prinzip, bei dem mehrere Sinne parallel angesprochen werden, gelingt vor allem auch das „lästige" Vokabellernen wesentlich leichter. Indem man die Wörter einer Sprache nicht nur aufschreibt oder liest, sondern auch als Bilder dargestellt bekommt und mit jeweils einer dazu passenden Geste ausdrückt, kann man sich nach der Lernphase wesentlich besser an die Begriffe erinnern. Die Art und Weise wie ein Begriff gelernt wird, ist also entscheidet, ob man sich etwas gut im Gehirn einprägen kann oder nicht. Indem also das Lernen über verschiedene Sinneskanäle erfolgt, lässt sich der Lernerfolg erheblich steigern.
In diesem Kapitel werden nun verschiedene Praxisideen vorgestellt, die Kindern bewusst machen, wie das Lernen mit allen Sinnen funktioniert. Dabei spielt es keine Rolle, ob die Kinder sich bestimmte Dinge merken, ein Matheaufgabe lösen oder einfach ein Lied auswendig lernen sollen. Vielmehr wird ihnen auf verspielte Weise gezeigt, dass der Weg zum Erfolg sehr vielseitig und interessant zugleich sein kann. Die positiven Lernerfahrungen, die Kinder dabei machen, sollen sie dazu ermutigen, auf multisensorische Lernmethoden zurückzugreifen, sodass Lerninhalte nicht nur schneller ins Kurzzeitgedächtnis gelangen, sondern auch im Langzeitgedächtnis nachhaltig gespeichert werden können.

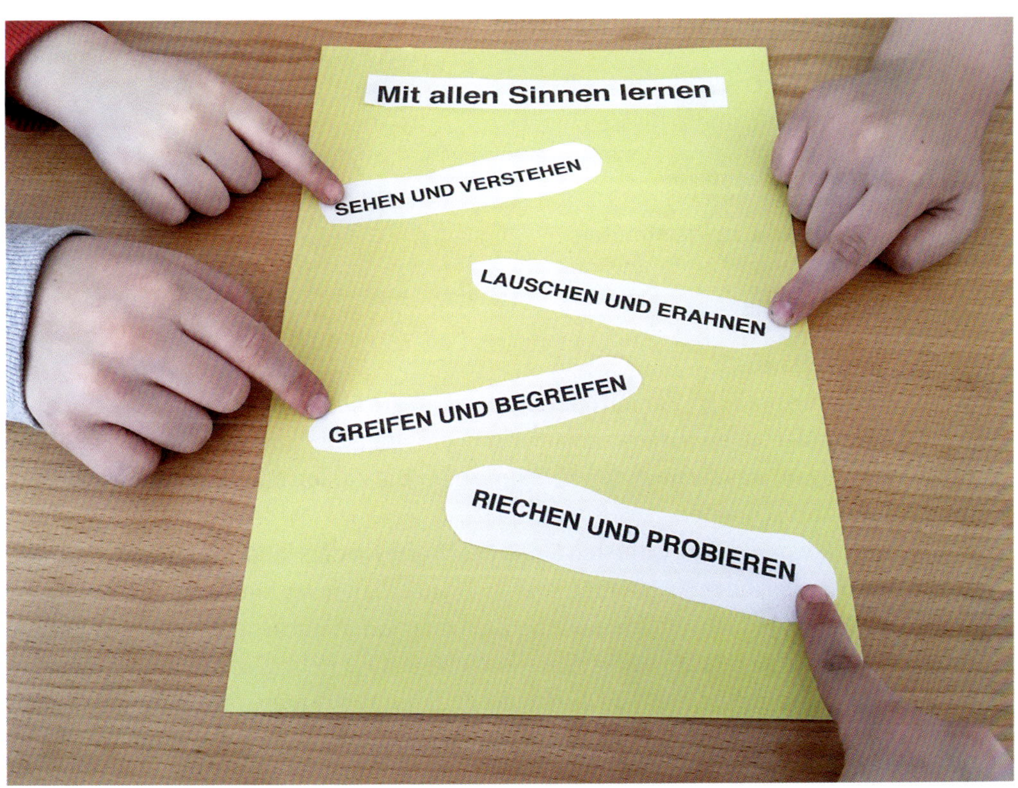

„Die schönste Freude ist die Freude des Verstehens.“

Leonardo da Vinci (1452–1519), italienischer Maler, Bildhauer, Architekt, Anatom, Mechaniker, Ingenieur und Naturphilosoph

Formen und begreifen

Zielgruppe: 1. und 2. Klasse

Material: Knetmasse

Zeitaufwand: 10–15 Minuten

Spielverlauf:

Wie kann man sich Zahlen oder Buchstaben am besten einprägen?

Die Kinder sitzen zusammen am Tisch, erhalten von Ihnen eine Knetmasse und überlegen, was sie noch tun können, außer die Zahlen oder Buchstaben von der Tafel abzuschreiben.

Die Antwort liegt im wahrsten Sinne des Wortes in der Hand: Sie können natürlich auch Zahlen oder Buchstaben kneten. Dazu erhält jedes Kind ein Stück Knetmasse. Sobald jedoch alle jeweils eine Zahl oder einen Buchstaben geknetet haben, dürfen sie sich gegenseitig mitteilen, ob sie alles richtig wiedergeben konnten oder nicht. Im letzteren Fall dürfen die anderen auch sagen, was sie vielleicht noch verbessern würden.

Variante für die 3. und 4. Klasse:

Anstelle von Buchstaben oder Zahlen dürfen die Kinder Wörter oder sogar eine Rechenaufgabe kneten. Ansonsten verläuft alles so wie im vorherigen Spiel beschrieben.

Zahlen und Buchstaben kann man nicht nur sehen, sondern auch fühlen, indem man diese knetet oder einfach auf ein Stück Pappe aufzeichnet und ausschneidet. Indem die Kinder sich nicht nur visuell, sondern auch taktil damit beschäftigen, können sie sich viel besser einprägen, wie eine Zahl oder ein Buchstaben geschrieben wird und heißt.

Formen legen

Zielgruppe: 1. und 2. Klasse

Material: Wolle, Schere, für jedes Kind 1 weißes DIN-A4-Blatt Papier und 1 Bleistift, geometrische Grundformen aus Pappe, Holz o. Ä.

Zeitaufwand: 10–15 Minuten

Spielverlauf:
Alle Kinder setzen sich um einen Tisch herum und holen sich jeweils ein Blatt Papier und einen Stift. Jedes Kind zeichnet einen Kreis, ein Dreieck, ein Quadrat und ein Rechteck auf. Dafür erhalten die Kinder die entsprechenden Schablonen. Danach schneiden sie der Reihe nach jeweils einen ca. 60 cm langen Faden von der Wolle ab, den Sie ihnen zur Verfügung stellen.
Die Kinder dürfen nun auf Ihre Anweisung hin mithilfe des Fadens z. B. den Kreis nachlegen und dabei laut „Kreis!" sagen. Das Gleiche machen sie auch mit den übrigen drei Grundformen. Wissen die Kinder, wie die einzelnen Formen aussehen und heißen, dann darf ein Kind aus der Gruppe eine beliebige Grundform mithilfe seines Fadens auf den Tisch legen. Dasjenige Kind, das besonders schnell die gelegte Grundform benennt, darf nun entweder die gleiche Form noch einmal legen oder eine neue auswählen, die es mithilfe seines Fadens den anderen präsentiert. Auf diese Weise finden noch ein paar Durchgänge statt.

Variante für 3. und 4. Klasse:
Anstelle der Grundformen können die Kinder auf die gleiche Weise auch andere geometrische Figuren, wie z. B. ein Trapez, ein Fünfeck und eine Raute mithilfe der Seile legen. Ansonsten verläuft alles so wie bereits im vorherigen Spiel beschrieben.

Indem die Kinder erst die vier Grundformen (Kreis, Dreieck, Quadrat und Rechteck) zeichnen und diese schließlich mithilfe eines Fadens nachlegen, können sie die einzelnen Formen auf unterschiedliche Weise bewusst wahrnehmen und voneinander unterscheiden lernen.

Deutsch lernen mit Bildern

Zielgruppe: 1. und 2. Klasse

Material: 12–15 Bildkarten o. Ä. mit verschiedenen Motiven

Zeitaufwand: 10–15 Minuten

Spielverlauf:
Die Kinder legen die Bildkarten verdeckt auf einen Tisch, um den herum sie sich setzen.
Eines der Kinder beginnt und deckt eine Karte auf. Ist z. B. ein Gegenstand abgebildet, kann es die anderen fragen, wozu der Gegenstand gebraucht wird oder wo man den Gegenstand erwerben kann.
Im Anschluss daran darf dasjenige Kind, das links neben dem vorherigen Kind sitzt, eine neue Karte umdrehen und sobald alle wissen, was darauf zu sehen ist, ein paar dazu passende Fragen stellen.
Auf diese Weise geht's immer weiter, bis alle Karten offen daliegen.

Variante für die 3. und 4. Klasse:
Die Bildkarten eignen sich auch zum Vokabellernen.
Ein beliebiges Kind dreht eine Karte um. Wer weiß, wie der abgebildete Gegenstand nicht nur auf Deutsch, sondern auch auf Englisch heißt? Sollte niemand die Frage beantworten können, dann dürfen Sie die richtige Antwort geben. In diesem Fall wird jedoch die Karte wieder umgedreht.
Danach kommt dasjenige Kind an die Reihe, das links neben dem vorherigen Kind sitzt. Dieses Kind dreht nun eine neue Karte um.
Auf diese Weise geht's immer weiter bis alle Karten offen daliegen.

Damit die Kinder nicht nur Wörter hören, sondern sich auch ein Bild davon machen können, nutzt man Karten, auf denen etwas Bestimmtes abgebildet ist. Auf diese Weise prägt sich dann das, was sie lernen sollen, viel besser im Gedächtnis ein.

Englisch durch Bewegung lernen

Zielgruppe: 1.–4. Klasse

Material: -

Zeitaufwand: 10–15 Minuten

Spielverlauf:
Alle Kinder sitzen zusammen im Kreis.
Miteinander überlegen sie, wie sie durch Bewegung Englisch lernen können. Dazu überlegt sich jedes Kind einen Satz auf Englisch und eine dazu passende Bewegung. Danach machen sie Folgendes:
Eines der Kinder sagt z. B. „I stand up!“ und steht dabei rasch auf. Die übrigen Kinder ahmen alles nach. Danach setzen sich alle wieder auf ihre Stühle.
Dasjenige Kind, das links neben dem vorherigen Kind sitzt, ist nun an der Reihe. Es sagt z. B. „I'm tired“. Dabei tut es so, als ob es gähnen würde. Alle übrigen Kinder machen sofort mit.
Auf diese Weise dürfen auch die übrigen Kinder der Reihe nach im Uhrzeigersinn etwas auf Englisch sagen und dabei die dazu passenden Bewegungen machen, die alle übrigen Kinder sofort mitmachen.
Anschließend darf eines der Kinder noch einmal das, was es in der ersten Spielrunde gemacht hat, pantomimisch vorstellen. Wer weiß, was das Kind gerade macht? Wurde die richtige Antwort auf Englisch von einem Kind benannt, dann ruft das Kind ein weiteres auf, das auch noch einmal das, was es bereits gemacht hat, der Gruppe präsentieren darf.
Das geht so immer weiter, bis alle Kinder an der Reihe gewesen sind.

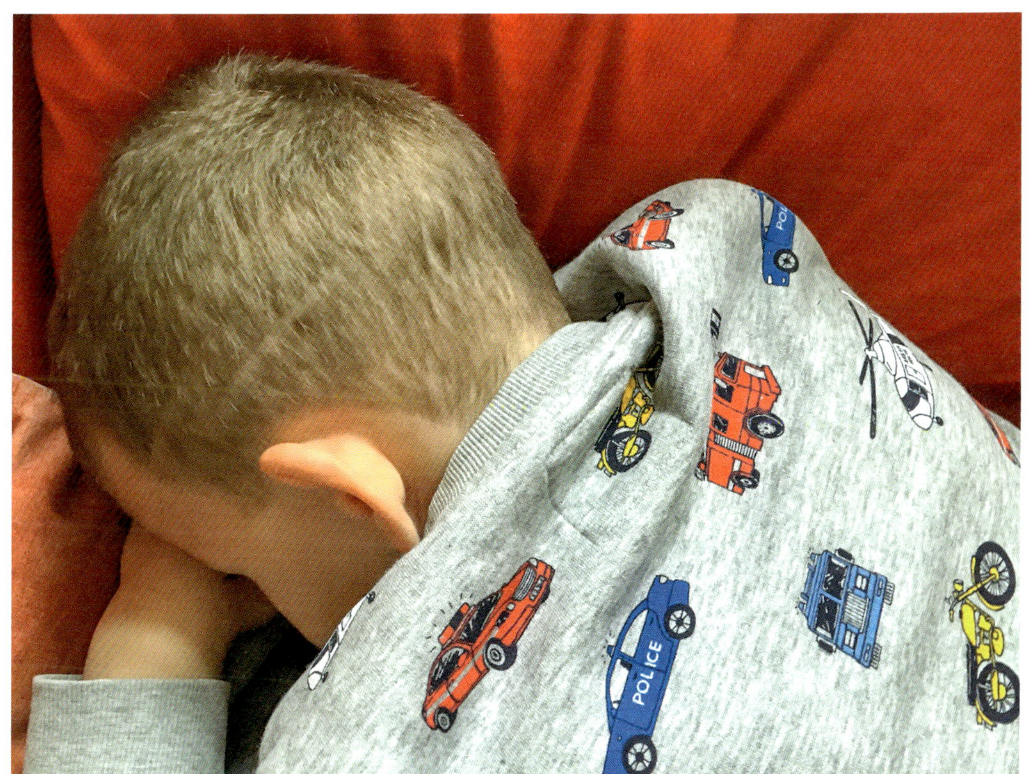

Indem die Kinder nicht nur einen Satz in einer anderen Sprache hören, sondern sich auch aktiv und körperlich mit dem Inhalt befassen, macht das Fremdsprachenlernen besonders viel Freude. Werden Inhalte durch Bewegung vermittelt, kommt das natürlich auch dem kindlichen Bewegungsbedürfnis sehr entgegen. Und manchmal kann man sich sogar ausruhen, wenn das Kind so wie hier abgebildet den anderen „I am sleeping!" darstellen möchte.

Schmecken und lernen

Zielgruppe: 1.–4. Klasse

Material: ein paar Schneidebretter und Messer, für jedes Kind 1 Teelöffel und 1 kleine Schale, je 1–2 Äpfel, Birnen und Bananen ein paar Erdbeeren und 1 Zitrone

Zeitaufwand: 15–20 Minuten

Vorbereitung:
Zu Beginn dürfen die Kinder die o. g. Früchte mit Ausnahme der Zitrone kleinschneiden und in eine Schüssel geben. Alle Kinder holen sich jeweils einen Teelöffel und setzen sich zusammen an einen Tisch, auf den Sie die Schüssel mit dem Obstsalat stellen.

Spielverlauf:
Eines von ihnen beginnt und nimmt sich ein Stück Obst, wie z. B. eine Erdbeere, mit dem Löffel aus der Schüssel. Dabei sagen erst Sie und dann alle Kinder laut: „This is a strawberry!“
Danach darf das Kind die Erdbeere verspeisen und ein neues Kind aufrufen, das sich nun mit seinem Teelöffel z. B. ein kleines Stück Birne oder Apfel aus der Schüssel nimmt. Im ersten Fall heißt es dann „This is a pear!“ und im zweiten Fall „This is an apple“.
Auf diese Weise geht's immer weiter, bis alle Kinder an die Reihe gekommen sind.
Zum Schluss halbieren Sie die Zitrone und sagen laut: „This is a lemon!“
Danach pressen sie mit den Händen den Saft aus den beiden Zitronenhälften über der Schüssel aus. Bevor Sie jedoch den übrigen Obstsalat an die Kinder verteilen, sagen Sie laut: „This is a fruit salat!“

Hinweis:
Miteinander können die Kinder auch etwas Leckeres backen oder kochen und währenddessen so ganz nebenbei ein paar dazu passende Vokabeln lernen.

Wer weiß, wie gut z. B. ein Apfel schmeckt, wird sich in der Regel auch schnell wieder daran erinnern, wie die Obstsorte heißt. Im Gegensatz dazu können Früchte, von denen Kinder lediglich etwas gehört haben, nicht so intensiv wahrgenommen werden, sodass sie schneller in Vergessenheit geraten können.

Einer Geschichte lauschen

Zielgruppe: 1. und 2. Klasse

Material: evtl. eine Handpuppe; evtl. 3–6 kleine Dinge, wie z. B. 1 Zettel, 1 Würfel und 1 Stift

Zeitaufwand: 10–15 Minuten

Spielverlauf:
Erzählen Sie den Kindern am besten im Stuhlkreis eine kurze Geschichte, in der drei bis sechs Gegenstände erwähnt werden, die die Kinder in ihrem Schulranzen dabei haben sollten. Mithilfe einer Handpuppe können Sie dann die Geschichte nun folgendermaßen erzählen:

„Hallo! Ich heiße Tina und gehe gerne in die Schule. Ich freue mich jeden Tag darauf, etwas Neues lernen zu dürfen. Dabei macht mir das Lernen mit meinen Freunden besonders viel Spaß. Miteinander können wir im **Rechenheft** rechnen. Besonders viel Freude bereitet mir jedoch das Schreiben und Lesen. Dafür befindet sich in meinem Schulranzen extra ein **Federmäppchen** und ein **Lesebuch.** Unser Schule ist einfach schön, da wir auch auf dem Pausenhof jede Menge Spaß haben, gemeinsam lernen und spielen können."

Die Aufgabe der Kinder besteht dann darin, die drei Gegenstände, die Sie erwähnt haben und die im Text fett gedruckt sind, aus ihren Schulranzen zu holen.

Variante für die 3. und 4. Klasse:
Indem Sie drei bis sechs kleine Sachen auf den Tisch legen, können geübtere Kinder auch eine kurze Geschichte dazu erfinden, in der die Dinge dann vorkommen sollen. Lassen Sie die Kinder jeweils eine Geschichte aufschreiben, die Sie der Reihe nach vorlesen können.

Sollen die Kinder ganz bewusst verschiedene Dinge, wie z. B. einen Stift, ein Blatt Papier und einen Würfel wahrnehmen, dann brauchen sie eine dazu passende Aufgabe. Das können Textaufgaben, Aufsätze oder einfach eine kurze Geschichte sein, die sie selbst erfinden können.

Lernen durch Vergleichen

Zielgruppe: 1. und 2. Klasse

Material: Schulsachen und andere Dinge im Klassenzimmer

Zeitaufwand: 10–15 Minuten

Spielverlauf:
Was ist schwerer als ein Bleistift? Was ist kleiner als ein Schulranzen?
Was ist breiter als das Rechenheft? Und was ist härter als Knetmasse?
Das und noch viel mehr können die Kinder nun mithilfe dieses Praxisangebots herausfinden:
Während Sie z. B. auf einen Stift deuten und fragen, welcher Gegenstand im Klassenzimmer leichter als der Stift ist, darf ein beliebiges Kind einen Tipp abgeben, indem es einen Gegenstand, wie z. B. ein Stück Papier, benennt. Zur Kontrolle dürfen die Kinder erst den Bleistift und dann das Papier in die Hand nehmen.
Im Anschluss daran ruft das Kind namentlich ein anderes Kind auf, das sich nun auf Ihre Anweisung hin einem anderen Gegenstand widmet, den Sie ausgewählt haben. Danach darf das Kind auf Ihre Bitte hin z. B. nach einem Gegenstand suchen, der nicht ganz so groß ist.
Auf diese Weise finden noch ein paar Durchgänge statt, bei denen die Kinder verschiedene Gegenstände etwas intensiver miteinander vergleichen, bevor sie sich ein Urteil darüber bilden.

Variante für die 3. und 4.Klasse:
Die Kinder bilden drei bis vier gleich große Gruppen.
Geben Sie den Kindern eine Aufgabe, indem sie sich z. B. nach einem Gegenstand auf die Suche machen dürfen, der schwerer in der Hand liegt als der, den Sie ihnen gerade zeigen. Diejenige Gruppe, die als erste die Aufgabe korrekt erfüllt, gewinnt die Spielrunde.
Auf diese Weise folgen dann noch weitere Spielrunden.

Mithilfe des o. g. Spiels sollen die Kinder verschiedene Dinge nicht nur mit dem Sehsinn vergleichen lernen. Vielmehr sollen sie in Bewegung kommen und durch das eigene Tun relevante Lernerfahrungen sammeln.

Seilspringen und rechnen

Zielgruppe: 1. und 2. Klasse

Material: 1 Springseil, 6 Holztäfelchen o. Ä., auf denen jeweils eine bestimmte Zahl und 1 bis 6 abgebildet ist

Zeitaufwand: 5–10 Minuten

Spielverlauf:
Die Kinder sitzen um einen Tisch herum, auf dem Sie ein Springseil und die sechs Holztäfelchen verdeckt platzieren.
Eines von ihnen dreht ein Täfelchen um, auf dem z. B. die Zahl 6 steht.
Daraufhin darf das Kind sechsmal mit dem Springseil springen. Dabei zählen alle Kinder bei jedem Sprung laut mit. Danach drehen Sie z. B. ein Täfelchen mit der Zahl 2 um und sagen passend dazu „Plus zwei!". Während nun das Kind noch zweimal mit dem Springseil springt, zählt die Gruppe einfach weiter, indem sie erst „Sieben" und dann „Acht!" sagt.
Bevor jedoch alles von vorne und somit mit einer neuen Additionsaufgabe und einem weiteren Kind beginnt, sagen alle laut „6 + 2 = 8".
Auf diese Weise können noch ein paar Additionsaufgaben auch mit Zehnerüberschreitung gelöst werden.

Variante für die 3. und 4. Klasse:
Anders als im vorherigen Spiel dürfen die Kinder nun multiplizieren.
Während Sie nun z. B. „2 × 3" sagen, darf das Kind mit dem Seil insgesamt sechsmal springen. Die übrigen Kinder zählen laut mit und überlegen, ob das Kind die Aufgabe richtig gelöst hat oder nicht.
Unabhängig davon, tauscht es den Platz mit einem anderen, das von Ihnen eine neue Rechenaufgabe erhält.
Es geht so immer weiter, bis alle Kinder zumindest einmal an der Reihe gewesen sind.

Indem die Kinder Seilspringen, können sie nicht nur das Zählen üben, sondern auch Rechenaufgaben lösen. Dadurch, dass die Kinder in Bewegung kommen, werden auch die Motorik, Koordination und Bewegungsfreude gefördert.

Teamgeschichte

Zielgruppe: 1.–4. Klasse

Material: evtl. für jedes Kind 1 Schreibheft und 1 Stift

Zeitaufwand: 10–15 Minuten

Spielverlauf:
Bei diesem Spiel geht's in die freie Natur.
Miteinander suchen sich alle eine schöne Stelle aus und knien sich nebeneinander auf den Boden, um die gleiche Aussicht genießen zu können. Dabei sollen sie sich eine Geschichte überlegen, bei der sie auch das, was sie gerade sehen, miteinbeziehen dürfen. Eines der Kinder fängt an und sagt z. B.:

„Vor einhundert Jahren lebte auf der anderen Bachseite ein kleiner Zwerg!"

Daraufhin darf dasjenige Kind, das sich links neben ihm befindet, die Geschichte ergänzen, indem es z. B. sagt:

„Der kleine Zwerg kannte alle Bach- und Waldtiere."

Auf diese Weise geht's immer weiter, bis alle Kinder zumindest einmal an der Reihe gewesen sind und erzählen konnten.

Miteinander eine Geschichte erfinden, beflügelt die Fantasie und fördert das Wir-Gefühl. Auf diese Weise hören die Kinder sich gegenseitig zu und kommunizieren miteinander.

Wissen durch Fühlen vertiefen

Zielgruppe: 1. und 2. Klasse

Material: für jedes zweite Kind 1 Post-it-Haftzettel und 1 Pinsel, 1 Stift, 1 Klangschale

Zeitaufwand: 5–10 Minuten

Vorbereitung:
Schreiben Sie für jedes zweite Kind eine bestimmte Zahl auf jeweils einen Post-it-Haftzettel.

Spielverlauf:
Die Hälfte der Kinder bildet einen Kreis und setzt sich rittlings auf ihre Stühle. Alle übrigen Kinder stellen sich hinter jeweils einem Kind auf. Sie erhalten von Ihnen einen Pinsel und einen Post-it-Haftzettel mit einer von Ihnen aufgeschriebenen Zahl, den sie auf den Rücken des vor ihnen sitzenden Kindes anbringen.
Sobald die Klangschale erklingt, darf jedes stehende Kind die Zahl, die auf dem Zettel steht, mithilfe seines Pinsels auf den Rücken des vor ihm sitzenden Kindes schreiben. Erklingt erneut die Klangschale dürfen diese Kinder dann ihren Partnerkinder mitteilen, welche Zahl sie auf ihrem Rücken gefühlt haben. Zur Kontrolle zeigen die Kinder die Post-it Haftzettel mit der aufgeschriebenen Zahl her, die Sie dann wieder einsammeln.
Im Anschluss daran wechseln alle ihre Plätze, sodass eine neue Spielrunde beginnen kann, sobald alle Post-it-Haftzettel wieder so wie im vorherigen Spiel beschrieben verteilt wurden.

Variante für die 3. und 4. Klasse:
Anstelle von Zahlen können Sie auf jeweils einen Post-it-Haftzettel eine Rechenaufgabe oder einfach ein Wort aufschreiben. Ansonsten verläuft alles so wie im vorherigen Spiel beschrieben.

Indem die Kinder nicht nur Zahlen schreiben, sondern auch auf ihrem Rücken fühlen dürfen, bleiben diese besonders gut im Gedächtnis haften. Folglich hilft diese Praxisidee, auch bereits vorhandenes Wissen zu vertiefen.

So geht's mit Köpfchen

Einfach kreativ werden – Eselsbrücken für den Lernerfolg

Es gibt immer wieder Dinge, die Kinder sich einprägen sollen, jedoch manchmal nicht so gut im Gedächtnis haften bleiben wollen. Das können z. B. Daten und Fakten sein, die einfach in keinem logischen Zusammenhang erscheinen. In solchen Fällen helfen Eselsbrücken bzw. Merksätze, die sozusagen den Spickzettel im Kopf darstellen. Dabei können z. B. Sätze gebildet werden, deren Wörter die gleichen Anlaute haben, wie der Lerninhalt, den man sich gut merken soll. Zudem gibt es viele Eselsbrücken in Reimform, die nicht nur lustig klingen, sondern auch eine echte Gedächtnisstütze sein können. Somit kann jedes Kind durch einen kleinen Umweg bzw. mithilfe einer Eselsbrücke auch ans Ziel gelangen. Doch was hat das eigentlich gerade mit dieser Tierart zu tun?
Im Folgenden nehmen die Kinder zunächst den Begriff „Eselsbrücke" etwas genauer unter die Lupe. Auf verspielte Weise erfahren sie, woher der Begriff „Eselsbrücke" stammt und welche Vorteile eine Eselsbrücke für das Lernen haben kann. In diesem Zusammenhang lernen die Kinder jedoch nicht nur altbekannte und weitverbreitete Eselsbrücken kennen, sondern auch selbst kreativ zu werden, indem sie neue Eselsbrücken für das Lernen bauen. Spielerisch üben sie unter anderem ein paar Merksätze zu formulieren, eine Formel oder eine Vokabel in ein Bild umzuwandeln. Dabei brauchen die einzelnen Eselsbrücken inhaltlich keineswegs viel Sinn zu ergeben, jedoch sollten sie für das Kind stets leichter als der Lernstoff zu behalten sein.

„Denn es ist nicht genug, einen guten Kopf zu haben; die Hauptsache ist, ihn richtig anzuwenden."

René Descartes (1596–1650), französischer Philosoph, Mathematiker und Naturwissenschaftler

Der Begriff „Eselsbrücke“

Zielgruppe: 1. und 2. Klasse

Material: evtl. für jedes Kind 1 weißes DIN-A3-Blatt Papier, 1 Lineal und 1 Stift

Zeitaufwand: 5–10 Minuten

Spielverlauf:
Zu Beginn können Sie den Kindern, die zusammen im Kreis sitzen, erklären, dass man mithilfe von Merksätzen wichtige Informationen sozusagen über einen kleinen Umweg im Gedächtnis abrufen kann. Was das jedoch mit dem Begriff Eselsbrücke zu tun hat, dürfen die Kinder nun mithilfe des Fingerspiels erfahren:

„Ich bin ein kleiner Esel und mag das Wasser nicht so gern.
Oh Schreck! Dort drüben ist ein Bach, der ist nicht mehr fern!“
Esel: Mit dem linken Mittel- und Ringfinger den linken Daumen berühren und die beiden übrigen Finger ausstrecken

„Durch die spiegelnde Wasseroberfläche kann ich nichts sehen.
Ich weiß ja nicht, wie tief das Wasser ist, durch das wir gehen.“
Mit beiden Händen die Augen zuhalten

„Hallo Esel! Du braucht doch überhaupt keine Angst zu haben.
Wir bauen dir sofort eine Eselsbrücke, das wollten wir dir sagen!“
Winken. Dann eine flache Hand auf die andere legen und so eine „Brücke“ darstellen

„Es ist zwar nicht der direkte Weg, jedoch kommst du so an.
Du schafft es so auch ans Ziel bestimmt irgendwann.“
Einen Daumen hochhalten

„Beim Lernen kann auch ein kleiner Umweg hilfreich sein.
Wem fällt nun eine bekannte Eselsbrücke dazu ein?“
Beide Daumen hochhalten

Im Anschluss daran können Sie den Kindern eine der bekanntesten deutschen Eselsbrücken vorstellen, bei denen die Anfangsbuchstaben der Wörter den An-

fangsbuchstaben der acht Planeten (Merkur, Venus, Erde, Mars, Jupiter, Saturn, Uranus und Neptun) unseres Sonnensystems entsprechen:

„**M**ein **V**ater **e**rklärt **m**ir **j**eden **S**onntag **u**nseren **N**achthimmel."

Eine weitere Eselsbrücke, die auch zu den altbekannten Klassikern gehört, lautet: „**N**ie **o**hne **S**eife **w**aschen". Die Anfangsbuchstaben verraten die vier Himmelsrichtungen (Norden, Osten, Süden und Westen), die die Kinder auch leicht zeichnerisch darstellen können.

Wie viele Tage hat der Januar?

Zielgruppe: 1. und 2. Klasse

Material: –

Zeitaufwand: 4–5 Minuten

Spielverlauf:
Die Kinder sitzen zusammen am Tisch und sollen sagen, wie viele Tage die einzelnen Monate haben, die Sie willkürlich benennen können.
Damit das jedoch gut klappt, stellen Sie den Kindern eine einfache, altbekannte und weitverbreitete Eselsbrücke vor, bei der sie lediglich ihre zwei Hände benötigen, die sie zur Faust ballen. Ausgehend von der linken Hand zählen sie dann die Knöchel und dazwischenliegende Täler. Die Knöchel symbolisieren die langen Monate mit jeweils 31 Tage und die Täler die kurzen Monate mit jeweils 30 Tagen. Eine Ausnahme ist jedoch der Februar mit 28 Tagen. Auf den langen Juli folgt dann ausgehend von der rechten Faust der lange August.
Wissen die Kinder Bescheid, dann darf eines der Kinder irgendeinen Monat benennen. Wer weiß, wie viele Tage der benannte Monat hat? Eines der Kinder, das besonders schnell die richtige Antwort weiß, darf dann einen weiteren Monat benennen.
Auf diese Weise finden noch ein paar Spielrunden satt.

Variante für die 3. und 4. Klasse:
Die Kinder ziehen ihre Schuhe und Strümpfe aus und verwenden für das Spiel anstelle ihrer Hände ihre Füße. Ansonsten verläuft alles so wie im vorherigen Spiel beschrieben.
Eine überaus witzige Spielvariante, die sich für ältere Kinder besonders gut anbietet.

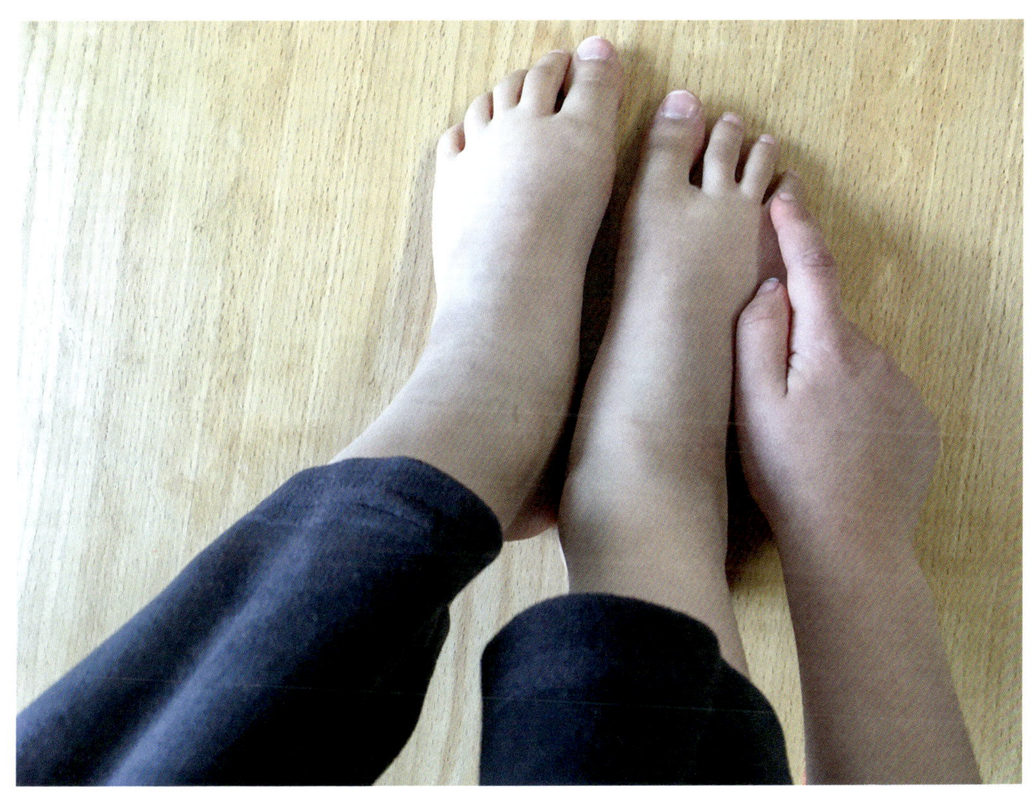

Barfußlaufen tut gut und bringt bei der vorangegangenen Praxisidee auch noch jede Menge Spiel- und Lernspaß. Und wer es trotzdem anders machen möchte, benutzt einfach seine Hände.

So lauten die Wochentage

Zielgruppe: 1.–4. Klasse

Material: evtl. für jedes Kind 1 weißes DIN-A4-Blatt Papier, Wachmalstifte

Zeitaufwand: 3–5 Minuten

Spielverlauf:
Mithilfe des folgenden Fingerspiels soll den Kindern verdeutlicht werden, wie eine Eselsbrücke aufgebaut werden kann, damit man sich so wie in diesem Fall die Reihenfolge der einzelnen Wochentage gut merken kann. Dabei symbolisieren die fett gedruckten Buchstaben die Anfangsbuchstaben der einzelnen Wochentage:

„**M**um! **D**ad! **M**um! **D**ad! Und was dann?"
Eine Faust bilden und ausgehend vom Daumen der Reihe nach vier Finger ausstrecken

„**F**reundlich fängt das Wochenende an."
Alle fünf Finger ausstrecken

„**S**onne scheint und viel mehr."
Dann noch den Daumen …

„**S**o gefällt mir alles sehr!"
und den Zeigefinger der anderen Hand ausstrecken

Miteinander dürfen dann alle Kinder ein paar einfache Merksätze formulieren, bei denen die Wörter die gleichen Anfangsbuchstaben wie die Wochentage enthalten.

Beispiele:

„**M**orgens **d**ort, **m**ittags **d**a, **f**abelhaft **S**onne, **S**onne!"

Oder:

„**M**ein **D**ackel **m**ag **d**as **F**reilaufgehege **s**o **s**ehr!

Ziel ist es, dass die Kinder lernen, selbst Eselsbrücken zu bauen bzw. Merksätze zu formulieren, die witzig sein können und keinen Sinn ergeben müssen.

Indem die Kinder zu dem o. g. Fingerspiel auch noch ein dazu passendes Bild malen, bleibt die Eselsbrücke zu den einzelnen Wochentagen besonders gut im Gedächtnis haften.

Das ist die C-Dur-Tonleiter

Zielgruppe: 1.–4. Klasse

Material: für jedes Kind 1 weißes DIN-A4-Blatt Papier, Wachsmalstifte

Zeitaufwand: 5–10 Minuten

Spielverlauf:
Die Kinder sitzen zusammen am Tisch und schreiben z. B. die C-Dur-Tonleiter von der Tafel ab, die wie folgt lautet:

C, D, E, F, G, A, H, C

Die Aufgabe der Kinder besteht nun darin, sich zu jeder Tonart z. B. ein bis zwei Sätze mit den entsprechenden Anlauten zu überlegen, die wie folgt lauten können:

„**C**lown, **D**amespiel, **E**-Bike **f**indet **G**ertrud **A**dam **h**ipp **c**hic."

Oder:

„**CD** **E**S **F**OLGEN **G** – **AH** – **C**"

Indem die Kinder verschiedene Farben (z. B. **C**hilirot, **D**unkelblau, **E**isblau, **F**roschgrün, **G**elb, **A**schgrau, **H**onigbraun, **C**appuccino) auswählen, können sie sich die Noten der C-Dur-Tonleiter leichter merken und so im Handumdrehen eine schöne Eselsbrücke bauen.

Rechtschreibung leicht gemacht

Zielgruppe: 1. und 2. Klasse

Material: evtl. für des Tischgruppe 1 Notizblatt und 1 Stift, 1 weißes DIN-A4-Blatt Papier

Zeitaufwand: 10–15 Minuten

Spielverlauf:
Die Kinder sitzen im Stuhlkreis beisammen und überlegen sich einen Merksatz, wie z. B. „Verben schreibt man klein". Dazu sollen die Kinder sich einen Reim einfallen lassen. Damit das jedoch gelingt, müssen sie sich zunächst überlegen, was sich auf klein reimt. Danach überlegen sie sich einen Merksatz, wie z. B.:

„Verben schreibt man klein,
denn das muss so sein!"

Oder:

„Wir finden das sehr fein:
Verben schreibt man klein!"

Variante für die 3. und 4. Klasse:
Die Kinder bilden vier bis sechs Tischgruppen. Jede Gruppe schreibt einen Merksatz auf und stellt diesen dann den anderen vor. Die einzelnen Merksätze schreiben Sie auf ein weißes DIN-A4-Papier, das sie für jedes Kind kopieren. Auf diese Weise soll den Kindern bewusst gemacht werden, wie sie selbst einfache Eselsbrücken bauen und sich dabei ohne viel Aufwand Lerninhalte viel leichter aneignen können.

Indem die Kinder ihre eigenen Eselsbrücken bauen lernen, werden sie nicht nur kreativ, sondern erleben auch, wie sie sich Lerninhalte so auch leichter aneignen können. Bei der o. g. Praxisidee sollen sie sich erst einmal überlegen, was sich auf klein reimt, bevor sie sich einen Merksatz überlegen. Die Reimwörter, wie z. B. Bein, mein, dein, fein, allein, ein, kein und Stein, können sie auf die Tafel schreiben.

Datum leicht merken

Zielgruppe: 1.–4. Klasse

Material: evtl. für jedes Kind 1 weißes DIN-A3-Blatt Papier, Wachsmalstifte

Zeitaufwand: 15–20 Minuten

Spielverlauf:
Während Sie die folgende Eselsbrücke als Abzählvers verwenden, deuten Sie bei jeder Silbe reihum auf die einzelnen Kinder:

„Auf Brei reimt sich **drei**.
Auf seh'n reimt sich **zehn**!"

Dasjenige Kind, auf das Sie als Letztes deuten, darf nun der Gruppe mitteilen, wann der Tag der Deutschen Einheit ist. Die Antwort muss am 3.10. lauten.
Danach wählen Sie ein anderen Datum aus, wie z. B. den 6. Dezember bzw. den Nikolaustag. Passend dazu können Sie z. B. folgenden Abzählvers verwenden:

„Auf flex reimt sich **sechs.**
Auf wölf reimt sich **zwölf**!"

Dasjenige Kind, auf das Sie als Letztes deuten, darf nun sagen, um welches Datum es sich hierbei handelt.

Variante für Klasse 3. und 4. Klasse:
Eines der Kinder übernimmt Ihre Rolle, stellt sich in die Kreismitte und darf passend zu einem Tag und Monat je einen Reim erfinden. Dasjenige Kind, auf das es als Letztes deutet, darf das gesuchte Datum benennen, das z. B. sein Geburtstag sein kann.
Auf diese Weise finden noch ein paar Spielrunden statt.
Als Gedächtnisstütze schreiben Sie dann die einzelnen Reime auf ein Plakat auf, das für alle gut sichtbar im Klassenzimmer aufgehängt werden kann.

Indem die Kinder sich z. B. das Datum der Deutschen Einheit aufschreiben und passend dazu eine Eselsbrücke bauen, werden sie sich später besonders gut an den 3. Oktober erinnern können. Besonders schön ist es, wenn sie sich so wie hier abgebildet damit auch künstlerisch und somit auf vielfältige Weise beschäftigen.

Was schreibt man groß?

Zielgruppe: 1.–4. Klasse

Material: evtl. für jedes Kind 1 weißes DIN-A3-Blatt Papier, Wachsmalstifte

Zeitaufwand: 10–15 Minuten

Vorbereitung:
Schreiben Sie auf das Tonpapier Folgendes:

„Sei gescheit und merk dir bloß:

____________________ schreibt man groß!"

Spielverlauf:
Die Kinder sitzen zusammen am Tisch und sollen sich überlegen, wann man Wörter groß schreibt. Danach übergeben Sie einem beliebigen Kind das Tonpapier mit der Aufschrift. Das Kind darf das, was auf dem Tonpapier steht, vorlesen und dabei den Satz vervollständigen, indem es z. B. sagt:

„Sei gescheit und merk dir bloß:
Am Satzanfang schreibt man groß!"

Danach darf dasjenige Kind, das links neben ihm sitzt, z. B sagen:

„Sei gescheit und merk dir bloß:
Substantive schreibt man groß!"

Daraufhin kann das nächste Kind in der Runde z. B. sagen:

„Sei gescheit und merk dir bloß:
Eigennamen schreibt man groß."

Zudem schreibt man auch Wörter anderer Wortarten, wie z. B. Verben und Adjektive, die als Substantive verwendet werden und somit Substantivierungen heißen, groß. Dabei können die Kinder auch ein bestimmtes Wort benennen, wie z. B.

Dummheit, Reichtum, Schönheit und Finsternis. Darüber hinaus wird natürlich auch eine höfliche Anrede groß geschrieben.

Eselsbrücken können auch helfen, Rechtschreibfehler zu vermeiden. Damit die Kinder wissen, welche Wörter großgeschrieben werden, können sie auch so wie hier ein paar dazu passende Dinge und Lebewesen zeichnen.

Rund ist der Kreis

Zielgruppe: 1. und 2. Klasse

Material: 1 Kreis, 1 Dreieck, 1 Quadrat und 1 Rechteck aus Pappe, Holz o. Ä.

Zeitaufwand: 5–10 Minuten

Spielverlauf:
Wie heißen die Grundformen? Wie kann man sich die Begriffe am besten merken? Hierfür legen sie auf einen Tisch jeweils einen Kreis, ein Dreieck, ein Quadrat und ein Rechteck. Während Sie nun den folgenden Text vorlesen, dürfen die Kinder, die zusammen am Tisch sitzen, passend dazu auf die einzelnen Formen deuten:

„Wie du weißt, rund ist der Kreis!"
Auf den Kreis deuten

„Drei Ecken. Das ist ein Dreieck!"
Auf das Dreieck deuten

„Quak, Quak! Das ist ein Quadrat!"
Auf das Quadrat deuten

„Nicht links! Das ist ein Rechteck!"
Auf das Rechteck deuten

Wissen die Kinder Bescheid, darf eines von ihnen Ihre Rolle übernehmen und so wie oben beschrieben irgendeine Grundform vorstellen, auf die die übrigen Kinder deuten dürfen. Es ruft dann ein weiteres Kind namentlich auf, das ebenso eine weitere Grundform vorstellen darf.
Nach ein paar Spielrunden ist jedoch das Ganze beendet.

Wie heißen die geometrischen Figuren? Kreis und Dreieck können sich die meisten Kinder gut merken. Anders sieht es jedoch bei weiteren Formen, wie Quadrat und Rechteck oder gar Trapez, Raute & Co. aus.
Eine dazu passende Eselsbrücke ist geradezu ideal, um sich die einzelnen Figuren namentlich zu merken.

Krokodile fressen viel

Zielgruppe: 1.–4. Klasse

Material: zwölf Karten o. Ä, auf denen jeweils eine Zahl oder eine Punktzahl von 1–6 abgebildet ist

Zeitaufwand: 10–15 Minuten

Spielverlauf:
Die Kinder setzen sich zusammen an einen Tisch.
Zu Beginn erklären Sie den Kindern, dass auch Eselsbrücken in bildlicher Form funktionieren, indem man die Merksätze z. B. zeichnerisch darstellt.
Eine weit verbreitete und altbekannte Eselsbrücke ist das Krokodil, das so hungrig ist, dass es immer die größere Zahl frisst. Dementsprechend können die Kinder sich ein Krokodil vorstellen, dessen offene Seite bzw. das Maul (<) der größeren Zahl zugewandt ist.

Beispiele:

3 < 5 (drei ist kleiner als 5)
6 > 2 (sechs ist größer als 2)

Je nachdem, welche Zahl und die entsprechende Menge Sie einer anderen Zahl und der dazu passenden Menge gegenüberstellen, darf ein Kind mit seinen Händen das Krokodilmaul darstellen und dabei auf die höhere Zahl und Menge deuten. Die übrigen Kinder beobachten alles genau und melden sich zu Wort, wenn sie damit nicht einverstanden sind.
Danach darf das Kind auf die gleiche Weise einem anderen Kind eine weitere Aufgabe stellen.
Auf diese Weise finden noch ein paar Durchgänge statt.

Das Krokodil hat Hunger und wendet sich der größeren Menge an Fischen, die hier als Punkte dargestellt sind, zu. Indem die Kinder Matheaufgaben auch künstlerisch darstellen dürfen, wird das logische Denken gefördert.

Als oder wie?

Zielgruppe: 1.–4. Klasse

Material: evtl. für jedes Kind eine Kopie des Arbeitsblatts „Als oder wie?" von S. 119 und 1 Stift

Zeitaufwand: 10–15 Minuten

Spielverlauf:

Die beiden Wörter „als" und „wie" werden gerne verwechselt. Fragen Sie die Kinder am besten im Stuhlkreis, ob sie den Unterschied kennen. Falls nicht, dann erklären Sie den Kindern, dass das Wort „als" für Ungleichheit / Verschiedenheit und das Wort „wie" für „Gleichheit / Ähnlichkeit" der verschiedenen Dinge steht. Passend dazu können Sie den Kindern dann z. B. folgende Eselsbrücke vorstellen, die sich alle gut merken können:

„Wie steht für Gleichheit, z. B. zwei Kühe.
Als steht für Verschiedenheit, z. B. Kalb und Kuh."

Im Anschluss daran können Sie den Lückentext vorlesen oder einfach das Blatt Papier von S. 119 kopieren, dessen Lücken die Kinder entweder durch das Wort „wie" oder „als" schließen dürfen. Zur Kontrolle lesen die Kinder dann der Reihe nach einen Satz vor, den Sie am Ende kontrollieren.

Lösungen von S. 119:

1. wie
2. als
3. als
4. wie
5. wie
6. als
7. wie
8. als
9. als
10. als
11. wie
12. als
13. wie
14. wie

Als oder wie?

Lese dir alles aufmerksam durch und setze entweder das Wort „wie“ oder „als“ in den folgenden Lücken ein:

1. Das Pausenbrot schmeckt heute genauso gut __________ gestern.
2. Die Hausaufgaben waren heute leichter __________ gestern.
3. Mein Freund ist älter __________ ich.
4. Meine Schwester ist so groß __________ ich.
5. Ich bin genauso schlau __________ mein großer Bruder.
6. Heute ist es wärmer __________ gestern.
7. Mach es so __________ ich.
8. Äpfel schmecken mir besser __________ Birnen.
9. Ein Apfel ist kleiner __________ eine Gurke.
10. Du bist kleiner __________ ich.
11. Du hast so viel gelernt __________ ich.
12. Äpfel schmecken mir besser __________ Birnen.
13. Du hat denselben Schulweg __________ ich.
14. Er hat genauso wenig Geld __________ ich.

Kleine Pausen tun gut

Lasst uns entspannen, damit auch unser Gehirn die Lerninhalte besser verarbeiten und behalten kann

Lernpausen tun gut, steigern die Leistungsfähigkeit und wirken sich nicht zuletzt positiv auf die Gesundheit aus. Generell git: Wer beim Lernen auf die Signale seines Körpers hört und sich kleine Lernpause gönnt, ist nicht nur ausgeglichener und besser gelaunt, sondern kann sich auch wieder leichter konzentrieren und somit auf die Lerninhalte fokussieren. Zudem ist wissenschaftlich erwiesen, dass man sich komplexe Dinge viel besser merken kann, wenn man nicht nur lernt, sondern zwischendurch auch den Kopf abschaltet und somit etwas völlig anderes macht.

Doch wann genau sind Lernpausen angebracht und was kann man dann tun?

Sollten die Kinder z. B. müde, unruhig und unkonzentriert sein, dann dürfte eine Lernpause mehr als sinnvoll sein. Indem die Kinder zwischendurch auch ihre Arbeit unterbrechen, lassen sich gut kleinere und größere Fehler vermeiden. Deshalb ist es wichtig, dass die Kinder nun spielerisch begreifen lernen, wie sie durch Lernpausen möglichst viel an Erholung und Wohlbefinden erreichen können.

Neben dem Faulenzen und Nichtstun, das durchaus auch seinen Reiz haben kann, werden den Kindern in diesem Kapitel vor allem eine Reihe an Möglichkeiten vorgestellt, die den Körper und Geist beleben und für mehr Ausgeglichenheit sorgen. Das tut besonders gut, wenn die Kinder ohnehin schon lange Zeit am Schreibtisch verbracht oder einfach zu viel Power haben. Dementsprechend werden sowohl praktische Muntermacher als auch diverse Entspannungsmethoden für zwischendurch vorgestellt, die ohne viel Aufwand durchgeführt werden können.

„Klare Intervalle und fröhliche Pausen."

Francis Bacon (1561–1626), englischer Staatsmann, Jurist und Philosoph

Fitnesslauf und Gummitwist

Zielgruppe: 1. und 2. Klasse

Material: 1 Gummiband, 1 Handtrommel

Zeitaufwand: 3–5 Minuten

Vorbereitung:
Für dieses Spiel benötigen Sie ein langes Gummiband, das Sie an den beiden Enden zusammenbinden. Zwei Kinder legen das Gummiband um die Knöchel. Sie bewegen sich soweit auseinander, bis das Gummiband spannt und ein Rechteck gebildet wird. Dabei stehen die Füße etwas auseinander.

Spielverlauf:
Das Gummitwist-Spiel ist altbekannt und gehört zu den Klassikern. Es eignet sich auch im Klassenzimmer. Dabei können die Kinder sich zunächst wie folgt bewegen:
Zum Rhythmus des Trommelspiels, das durch Sie erfolgt, laufen alle Kinder durch den Raum. Stoppt das Trommelspiel, dürfen alle Kinder der Reihe nach mit geschlossenen Füßen zwischen die gespannten Gummis und genauso wieder heraus hüpfen und zwar so, dass das Gummi nach Möglichkeit nicht berührt wird. Danach stellen sie sich wieder hinten in der Schlange an. Das Ganze wird so lange wiederholt, bis das Trommelspiel wieder einsetzt und alle wieder locker im Takt durch den Raum laufen. Sobald jedoch das Trommeln endet, wechseln die beiden Kinder ihre Plätze mit jeweils einem anderen Kind, die dann für die anderen das Gummiband so wie bereits beschrieben zu einem Rechteck spannen.
Danach fängt alles von vorne an.
Nach ein paar Spielrunden ist das Bewegungsspiel zum Fit- und Munterwerden beendet.

Variante für die 3. und 4. Klasse:
Im Gegensatz zu dem o. g. Spiel wird das Band um die Kniekehlen gelegt und somit der Schwierigkeitsgrad erhöht.

Das Gummiband und die Handtrommel inspiriert zu vielen weiteren Spielideen. So können die Kinder der Reihe nach z. B. zu jedem Trommelschlag, der durch Sie erfolgt, mit geschlossenen Beinen zwischen die gespannten Gummis hinein und wieder heraus springen. Wer schafft das, ohne das Band zu berühren?

Kreistanz mit einem Reifen

Zielgruppe: 1. und 4. Klasse

Material: für jede Kleingruppe 1 Gymnastikreifen; Tanzmusik

Zeitaufwand: 3–5 Minuten

Spielverlauf:
Immer drei bis sechs Kinder holen sich jeweils einen Gymnastikreifen, um den sie sich stellen. Miteinander halten sie den Reifen waagrecht in der Luft fest.
Zum Rhythmus der Musik darf immer ein Kind aus jeder Gruppe die Tanzbewegungen den übrigen Kinder vormachen, die alles sofort nachahmen. Dabei wird jedoch stets der Reifen waagrecht festgehalten.
Das geht so lange, bis Sie die Musik etwas leiser drehen. Daraufhin übernimmt dasjenige Kind die Führungsrolle, das links neben dem vorherigen Kind steht. Es darf nun die Tanzschritte vorgegeben, sobald Sie die Musik wieder etwas lauter drehen.
Auf diese Weise geht's immer weiter, bis alle Kinder irgendwann an die Reihe gekommen sind.

Beispiele:
Sobald die Musik zu hören ist, können die Kinder ...
- den Reifen mit beiden Händen festhalten und dabei abwechselnd im Takt mit den Füßen in Richtung Innenkreis bzw. nach vorne kicken
- den Reifen mit der rechten Hand festhalten und dabei hintereinander zum Rhythmus der Musik im Uhrzeigersinn mit geschlossenen Beinen hüpfen
- den Reifen mit beiden Händen festhalten und diesen im Takt immer wieder mit gestreckten Armen hochheben
- den Reifen mit beiden Händen festhalten und abwechselnd zum Rhythmus der Musik drei Schritte links und dann rechts im Kreis herum gehen

Indem alle Kinder den Reifen waagrecht festhalten und sich jeweils eine Bewegungsart überlegen, werden nicht nur die Fantasie und Kreativität, sondern auch das gute Miteinander gefördert. Zudem sorgt die Musik für eine lockere Atmosphäre.

Bunter Stuhltanz

Zielgruppe: 1. und 2. Klasse

Material: Tanzmusik, evtl. für jedes Kind 2 Chiffontücher

Zeitaufwand: 3–5 Minuten

Spielverlauf:
Zwischendurch mal aufstehen und den Stuhl zum Bewegen und Tanzen verwenden, macht Spaß und ist geradezu ideal für die kleine Pause. Gebraucht wird lediglich eine flotte Tanzmusik, die Sie am besten gleich einschalten, um dann z. B. die folgenden Bewegungen vorzumachen, die nun alle sofort nachahmen.

Zum Rhythmus der Musik können Sie z. B.:
- die Hände in die Hüfte stemmen, sich um die eigene Achse drehen und dabei sich um den Stuhl links herum bewegen
- sich vor die Sitzfläche knien und mit beiden Händen auf die Sitzfläche patschen
- sich rittlings auf den Stuhl setzen und mit den Füßen auf den Boden stampfen
- sich auf den Stuhl setzen und die Arme hin und her schwenken
- sich hinter den Stuhl stellen, die Stuhllehne mit beiden Händen anfassen und auf der Stelle gehen
- auf der Stuhlvorderkante sitzen und den linken Ellenbogen zum rechten Knie führen und gegengleich

Das Ganze geht so lange, bis die Musik beendet ist.

Variante für die 3. und 4. Klasse:
Alle Kinder sitzen zusammen im Stuhlkreis und platzieren ihre Füße auf ein bis zwei Chiffontüchern, die Sie in der Kreismitte so wie Sonnenstrahlen schön angeordnet haben. Miteinander dürfen sie die ausgewählten Tücher nehmen und sich im Takt zur Musik bewegen und dabei auch ihre Stühle einbeziehen. Zwischendurch deuten Sie immer wieder auf das eine oder andere Kind. Daraufhin dürfen alle Kinder dem ausgewählten Kind ihre Aufmerksamkeit schenken und, falls sie möchten, die Bewegungen nachahmen.

Eine schön gestaltete Kreismitte ist nicht nur ein Augenschmaus, sondern lädt die Kinder auch dazu ein, miteinander ihre Pause zu verbringen, und dabei jede Menge Spielspaß zu haben. Dabei können die Tücher, so wie bei der vorherigen Praxisidee beschrieben, auch zum Tanzen und Bewegen eingesetzt werden.

Farbenfrohe Tauschrunde

Zielgruppe: 1. und 2. Klasse

Material: für jedes Kind 1 Chiffontuch, 1 Handtrommel

Zeitaufwand: 3–5 Minuten

Spielverlauf:
Die Kinder holen sich jeweils ein Chiffontuch und bilden einen Kreis.
Zu jedem Trommelschlag, der durch Sie erfolgt, wandern die Tücher von Hand zu Hand links im Kreis herum. Das geht jedoch nur so lange, bis Sie zu trommeln aufhören und ein Kind namentlich aufrufen, das nun sein Tuch herzeigen darf. Je nachdem, welche Farbe das Tuch hat, dürfen nun alle Kinder, die zufällig ein Kleidungsstück in der gleichen Farbe tragen, auf Anweisung des Kindes hin, z. B. auf der Stelle hüpfen, joggen, Kniebeugen machen oder mit den Armen kreisen.
Sobald Sie jedoch wieder trommeln, fängt eine neue Spielrunde an, bei der dasjenige Kind, das zuvor an der Reihe gewesen ist, ein neues Kind aufrufen darf.
Auf diese Weise geht's immer weiter, bis alle Kinder irgendwann ihre Tücher herzeigen und dabei auch eine Bewegungsart oder Gymnastikübung vorstellen konnten.

Variante für die 3. und 4. Klasse:
Eines der Kinder zeigt sein Tuch her. Die betreffenden Kinder, die ein Kleidungsstück mit der entsprechenden Farbe tragen, dürfen in die Kreismitte treten und den übrigen etwas so wie im vorherigen Spiel beschrieben vorstellen. Alle Kinder, die noch auf der Kreisbahn stehen, entscheiden selbst, was sie nachmachen wollen oder nicht. Das geht so lange, bis Sie einmal kräftig trommeln und ein anderes Kind auf Ihre Anweisung hin sein Tuch herzeigen darf.
Auf diese Weise kann das Spiel noch ein paarmal durchgeführt werden.

Kinder haben viel Freude an Wahrnehmungs- und Bewegungsspielen, bei denen nicht nur eine gute Beobachtungsgabe, sondern auch das Reaktionsvermögen und motorische Fähigkeiten gefragt sind. Damit jedoch alle die Spielregeln verstehen, können sich die Kinder zunächst jeweils ein Tuch suchen, das farblich zu ihrem Oberteil passt.

Herzlicher Paartanz

Zielgruppe: 1. und 2. Klasse

Material: Tanzmusik

Zeitaufwand: 2–3 Minuten

Spielverlauf:
Für dieses Spiel dürfen immer die zwei Kinder ein Paar bilden und mit den Händen ein Herz formen, um zu zeigen, dass sie als Team zusammenarbeiten. Während Sie nun die Tanzmusik einschalten, darf ein Paar etwas vormachen bzw. den anderen zeigen, wie sie sich z. B. gegenseitig im Takt zur Musik mit den Händen abklatschen. Alle übrigen Kinder machen so lange alles nach, bis Sie die Musik etwas leiser drehen und ein neues Paar aufrufen, das den übrigen Paaren dann etwas Neues vorstellt.

Beispiele:
Zum Rhythmus der Musik können die einzelnen Paare ...

- mit der rechten Hand die linke Hand des anderen abklatschen und umgekehrt
- sich gegenseitig erst mit beiden Händen abklatschen und dann mit den Händen auf die eigenen Oberschenkel patschen
- erst einmal in die Hände klatschen und dann mit beiden Händen den anderen abklatschen
- sich gegenseitig mit beiden Händen abklatschen und dabei mit den Füßen auf den Boden stampfen
- sich gegenseitig erst mit der linken und dann mit der rechten Hand abklatschen und dabei mit den Füßen auf den Boden stampfen

Paare bilden und miteinander tanzen macht Spaß und bringt den Kreislauf in Schwung. Indem die Kinder miteinander lachen und ausgelassen sind, können sie neue Kraft für kommende Aufgaben tanken.

Klangschöne Auszeit

Zielgruppe: 1. und 2. Klasse

Material: 1 Klangschale

Zeitaufwand: 3–5 Minuten

Spielverlauf:
Jedes Kind sitzt entspannt auf seinem Platz und darf seinen Kopf auf den verschränkten Armen auf dem Tisch ablegen und, falls es möchte, seine Augen dabei schließen. Danach holen Sie sich eine Klangschale und gehen auf „Samtpfoten" in Richtung eines Kindes, um über dem Kopf des Kindes die Klangschale anzuschlagen. Daraufhin darf das Kind, falls noch nicht geschehen, seine Augen öffnen und sobald der Klang verklungen ist, sich vom Platz aus recken und strecken. Das Kind tauscht mit Ihnen den Platz und erhält von Ihnen die Klangschale, um auf die gleiche Weise ein anderes Kind zu „wecken".
Das Klangspiel ist beendet, sobald alle Kinder „geweckt" wurden und Sie schließlich wieder die Klangschale in den Händen halten.

Variante für die 3. und 4. Klasse:
Während Sie durch den Raum gehen, schlagen Sie die Klangschale ein- bis zweimal an. Bevor jedoch der Klang nicht mehr zu hören ist, bleiben Sie hinter einem Kind, das auf der Kreisbahn sitzt, stehen. Das betreffende Kind darf dann gegebenenfalls seine Augen öffnen. Bevor es jedoch von Ihnen die Klangschale erhält und mit Ihnen den Platz tauscht, darf es sich noch ausgiebig recken und strecken. Auf diese Weise geht's so lange weiter, bis alle Kinder an die Reihe gekommen sind.

Sanfte Klänge wirken beruhigend und tun gut. Sie helfen, zwischendurch auch mal abzuschalten und innerlich ruhig zu werden. Auf diese Weise lässt sich auch neue Kraft für kommende Aufgaben tanken.

Das kleine Licht

Zielgruppe: 1. und 2. Klasse

Material: 1 dicke LED-Kerze, 1 Klangschale, evtl. 1 dicke Kerze und 1 Feuerzeug

Zeitaufwand: 3–5 Minuten

Spielverlauf:
Die Kinder sitzen zusammen am Tisch. Dabei legen sie die Arme und Hände locker auf die Oberschenkel. Eines der Kinder steht auf.
Währenddessen holen Sie sich eine Klangschale und dunkeln den Raum, falls möglich, etwas ab. Ein beliebiges Kind holt sich eine LED-Kerze.
Sobald alle Kinder sich ruhig verhalten, schlagen Sie die Klangschale an. Das Kind geht nun mit der Kerze in der Hand im Uhrzeigersinn um den Tisch so lange herum, bis der Klang verklungen ist. Es tauscht den Platz mit demjenigen Kind, hinter dem es gerade steht und übergibt ihm die LED-Kerze.
Das Spiel fängt nun von vorne an, sobald die Klangschale erklingt.
Das geht so immer weiter, bis möglichst alle Kinder ruhig und entspannt sind.

Variante für die 3. und 4. Klasse:
Eines der Kinder am Tisch holt sich die LED-Kerze, schlägt die Klangschale an und übergibt die LED-Kerze demjenigen Kind, das links neben ihm sitzt. Das Kind wiederum übergibt die Kerze dann seinem linken Nachbarkind.
Auf diese Weise geht's immer weiter, bis der Klang verklungen ist. Dasjenige Kind, das nun die Kerze in den Händen hält, darf die Klangschale anschlagen und so eine neue Spielrunde eröffnen.
Nach ein paar Durchgängen ist das Spiel jedoch beendet.

Und dann sitzen alle bei Kerzenschein am Tisch, lauschen dem Klang der Klangschale und entspannen einfach. Indem Sie zwischendurch auch kleine Highlights schaffen, macht das Lernen besonders viel Spaß.

Eine Kugel formen und lauschen

Zielgruppe: 1. und 2. Klasse

Material: für jedes Kind etwas Knetmasse, ruhige Instrumentalmusik

Zeitaufwand: 10–15 Minuten

Spielverlauf:
Jedes Kind holt sich ein Stück Knetmasse und setzt sich auf seinen Platz. Während Sie nun die ruhige Instrumentalmusik einschalten, dürfen die Kinder die Knetmasse in ihren Händen bearbeiten bzw. langsam und behutsam zu einer Kugel formen. Dabei können sie auch zwischendurch das, was sie bereits geformt haben, in den Händen ruhen lassen, um einfach die ruhige Instrumentalmusik zu genießen.
Das geht so lange, bis die Musik beendet ist.

Variante für die 3. und 4. Klasse:
Im Gegensatz zu dem vorherigen Spiel dürfen alle Kinder, sobald die Musik erklingt, ihre Augen schließen. Während sie sich nun ganz bewusst auf ihren Tastsinn einlassen, sollen sie eine schöne Kugel formen.

Indem die Kinder eine Kugel formen und dabei eine ruhige Instrumentalmusik im Hintergrund genießen können, werden sie ruhig und entspannt, sodass sie sich wieder besser konzentrieren und auf Lernaufgaben einlassen können.

Entspannung tut gut

Zielgruppe: 1.–4. Klasse

Material: ruhige Instrumentalmusik; evtl. für jedes zweite Kind 1 Igelball

Zeitaufwand: 3–5 Minuten

Spielverlauf:
Eines der beiden Kinder, die nebeneinander am Tisch sitzen, stellt sich hinter dem anderen Kind auf. Lassen Sie nun leise die Musik im Hintergrund laufen. Dabei lesen Sie den Text langsam vor, zu dem die Hälfte der Klasse Folgendes macht:

„Eine kleine Streichelmassage tut gut.
Sie gibt dir neue Kraft und macht Mut."
Mit beiden Händen über die Schultern streicheln

Im Anschluss daran zum Rhythmus der Musik mit beiden Händen den Rücken streicheln. Das geht so lange, bis die Musik beendet ist. In diesem Moment sagen Sie dann Folgendes:

„So eine Pause kannst du öfters haben.
Du musst mich einfach nur danach fragen."
Mit beiden Händen über die Schultern streicheln

Im Anschluss daran wird die Streichelmassage, sobald alle Kinder ihre Plätze wechseln konnten, wiederholt.

Hinweis:
Die Kinder können für die Streichelmassage anstelle ihrer Hände auch einen Igelball benutzen.

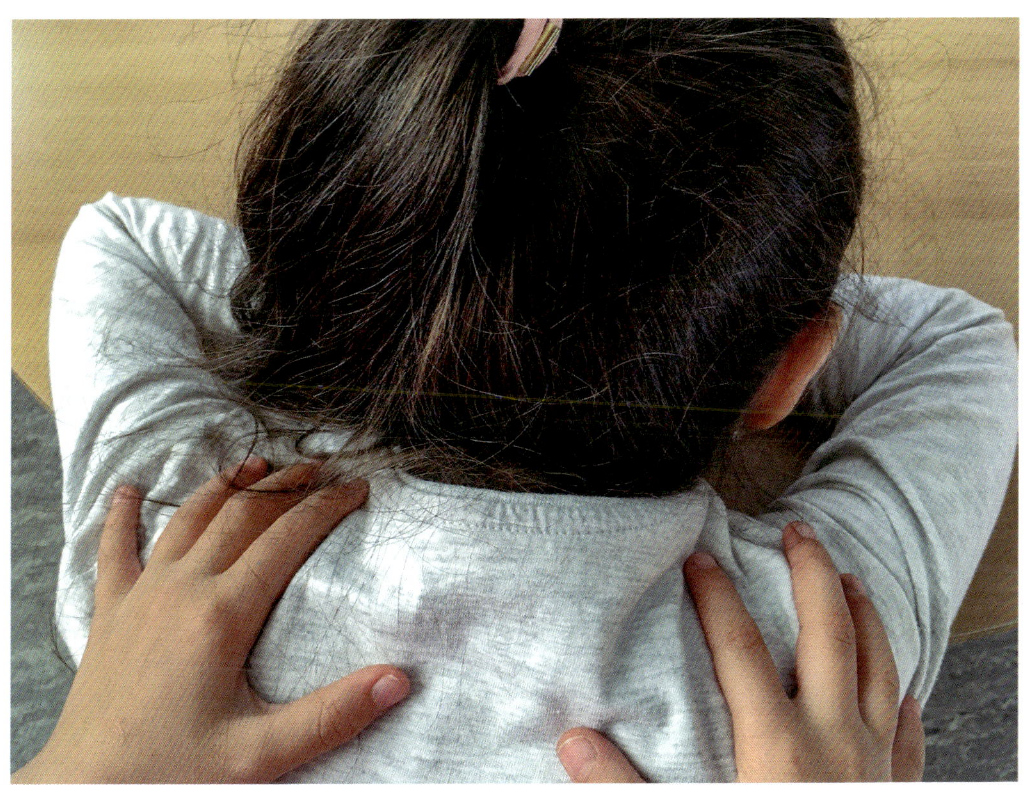

Eine kleine Streichelmassage wirkt entspannend und harmonisierend zugleich. Indem die Kinder die Streichelmassage zu zweit durchführen, wird das Vertrauen zueinander gefördert.

Klassische Musik zum Entspannen

Zielgruppe: 1. und 2. Klasse

Material: Klassische Musik z. B. Eine kleine Nachtmusik von Mozart

Zeitaufwand: 3–6 Minuten

Spielverlauf:
Während Sie die Musik abspielen, dürfen die Kinder selbst entscheiden, ob sie im Orchester mitmachen oder einfach chillen und somit die klassische Musik genießen wollen. Im ersten Fall dürfen sie ihre Tische und Stühle als Musikinstrument benutzen. Im zweiten Fall nehmen sie einfach eine bequeme Sitzhaltung ein, indem sie ihren Kopf auf die verschränkten Arme legen, die sich dann auf dem Tisch befinden. Dabei können sie auch ihre Augen schließen.
Das geht so lange, bis die Musik beendet ist.

Variante für die 3. und 4. Klasse:
Sobald Sie die Musik einschalten, dürfen alle so tun, als ob sie im Orchester sitzen und ein Instrument spielen würden. Dabei können sie passend zu dem Musikstück pantomimisch darstellten, wie sie z. B. Violine oder Kontrabass spielen. Ist die Musik beendet, schalten Sie die Musik erneut ein. Danach dürfen es sich alle Kinder auf ihren Plätzen bequem machen und einfach chillen.

Die Kinder können nicht nur mithilfe von Instrumenten ein Musikstück begleiten, sondern auch mit Gegenständen, wie z. B. Tischen und Stühlen. Zudem können sie ihren eigenen Körper als Instrument benutzen. Unabhängig davon kann Musik entspannend sein und zum Träumen einladen.

Lernen aus Fehlern

Mit Erfolg und Misserfolg umgehen lernen

Wer lernt, darf auch Fehler machen. Ist das wirklich so?
Zweifellos werden viele Fehler bei Klassenarbeiten nicht gerade durch gute Noten belohnt. Das wiederum kann dazu führen, dass Kinder generell Fehler als Zeichen von Schwäche und Versagen empfinden und befürchten, das sie das nächste Mal wieder die gleichen oder andere Fehler machen. Damit jedoch Kinder den richtigen Umgang mit Misserfolgen lernen und nicht gleich die Flinte ins Korn werfen, brauchen sie die Unterstützung von verschiedenen Bezugspersonen, die ihnen bewusst machen, dass Fehler uns menschlich machen und natürlich auch unvermeidbar sind. Denn: „Nobody is perfect!" Unabhängig davon, sind Fehler eine echte Chance, etwas dazuzulernen und somit für das persönliche Weiterkommen unverzichtbar.
In diesem letzten Kapitel wird den Kindern bewusst gemacht, was ein Fehler sein kann und was sie daraus lernen können. Spielerisch erfahren sie, wie sie mit Fehlern richtig umgehen und was sie tun können, wenn sie einen Fehler gemacht haben. Zudem wird ihnen auf verspielte Weise gezeigt, wie sie sich auf ihre Stärken konzentrieren können, damit sie nicht nur berechtigte Selbstkritik üben. Auch soll ihnen im wahrsten Sinne des Wortes vor Augen geführt werden, was sie im Vorfeld bereits tun können, um eine bestimmte Sache gut zu beherrschen. Dabei wird ihnen klargemacht, dass sie auch an ihrer Fähigkeiten glauben müssen, damit sie trotz Schwierigkeiten und Hindernissen, die zum Leben gehören, Schritt für Schritt an ihr Ziel kommen und sich somit auch an ihren Teilerfolgen erfreuen können.

„Wer einen Fehler gemacht hat und nicht korrigiert, begeht einen zweiten."

Konfuzius (551 v. Chr. - 479 v. Chr.), bedeutender chinesischer Philosoph und Begründer des Konfuzianismus

Was stimmt hier nicht?

Zielgruppe: 1.–4. Klasse

Material: -

Zeitaufwand: 5–10 Minuten

Vorbereitung:
Zu Beginn bauen Sie im Raum heimlich ein paar „Fehler" ein, indem Sie z. B. den Papierkorb umdrehen, ein Wort falsch auf die Tafel schreiben, einen Stuhl mit der Rückenlehne an den Tisch stellen, einen Schulranzen auf den Kopf stellen usw.

Spielverlauf:
Die Aufgabe der Kinder besteht nun darin, das, was sich verändert hat, zu suchen. Wurden alle Sachen wieder so wie gewohnt hingestellt, dann sollten Sie mit den Kindern besprechen, woran man einen Fehler erkennt. Indem die Kinder darüber nachdenken und darüber diskutieren, soll ihnen bewusst gemacht werden, dass etwas als Fehler bewertet werden kann, wenn der momentane Zustand vom Zustand, wie es sein sollte, abweicht.
Im nächsten Schritt geht es darum, dass die Kinder die „Fehler korrigieren", indem sie gemeinsam die Dinge so wie gewohnt wieder hinstellen und dabei auch das Wort auf der Tafel richtig schreiben.

Indem man z. B. Dinge sieht oder macht, die davon abweichen, so wie es unserer Meinung nach eigentlich sein sollte, dann können diese als Fehler bezeichnet werden. Alles hängt also auch davon ab, was wir persönlich als Fehler empfinden und wie wir einen Fehler beurteilen. Das können Sie den Kindern mithilfe dieser Praxisideen bewusst machen. In der Kunst ist jedoch fast alles erlaubt!

Was ist ein Fehler?

Zielgruppe: 1.–4. Klasse

Material: 6–8 weiße Notizblätter, 1 Stift

Zeitaufwand: 10–15 Minuten

Vorbereitung:
Auf sechs weißen Notizblättern schreiben Sie jeweils eine der folgenden Fragen:

1. Was ist ein Fehler?
2. Wozu sind Fehler gut?
3. Hast du auch schon Fehler in der Schule gemacht und falls ja, welche?
4. Wie kann man sich verbessern?
5. Wodurch können Fehlern entstehen?
6. Wie kann man Fehler nach Möglichkeit vermeiden?

Spielverlauf:
Die Zettel mit den Fragen legen Sie verdeckt auf den Tisch.
Eines der Kinder, das mit den anderen am Tisch sitzt, fängt an und dreht einen beliebigen Zettel um, auf dem eine Frage steht. Das Kind darf nun die Frage mit oder ohne Ihre Hilfe laut vorlesen. Passend dazu dürfen dann die Kinder der Reihe nach im Uhrzeigersinn eine Antwort gegeben.
Sobald jedoch das Kind wieder an der Reihe ist, ruft es ein anderes Kind namentlich auf, das einen weiteren Zettel umdrehen darf.
Auf diese Weise geht's immer weiter, bis alle Zettel offen daliegen und somit alle Fragen von 1 bis 6 auf den Zetteln z. B. wie folgt beantwortet wurden:

1. Ein Fehler ist: was falsch ist, vom Richtigen abweicht, nicht immer sofort durchschaubar, eine irrtümliche Entscheidung, ...
2. Fehler fordern uns besser zu werden, regen uns zum Nachdenken an, helfen uns beim Weiterkommen, ...
3. Beim Lesen, Schreiben, Rechnen, Singen, ...
4. Indem man nachdenkt, nachfragt, alleine oder mit andern übt, ...
5. Müdigkeit, Ablenkung, Lustlosigkeit, mangelnde Motivation, ...

6. Indem man ausgeschlafen ist, sich konzentriert, sich nicht ablenken lässt, mit Freude dabei ist, ...

Ziel ist es, dass die Kinder erkennen, wie Fehler entstehen können und wie man damit umgehen kann. Dabei soll ihnen auch bewusst gemacht werden, dass jeder von uns Fehler machen kann.

Wodurch können Fehler entstehen?

Zielgruppe: 1.–4. Klasse

Material: -

Zeitaufwand: 10–15 Minuten

Spielverlauf:
Die Kinder sitzen zusammen im Kreis und sollen sich überlegen, wodurch Fehler entstehen können. Danach dürfen sie ihre Antworten der Reihe nach mitteilen, die wie folgt lauten können:

Fehler können u .a. entstehen, wenn wir ...

- übermüdet sind.
- unkonzentriert sind.
- Hunger oder Durst haben.
- nervös und gereizt sind.
- uns ablenken lassen.

Im Anschluss daran kann ein Kind, das gerne möchte und das Sie namentlich aufrufen, in die Kreismitte treten und von dort aus pantomimisch zeigen, wie müde es gerade ist, indem es z. B. den Kopf senkt und dabei so tut, als ob es kaum noch seine Augen offen halten kann. Wer weiß, wie es ihm gerade geht und weshalb es dabei vielleicht auch den einen oder anderen Fehler z. B. beim Rechnen machen kann? Wurde die richtige Antwort benannt, die in diesem Fall „Müdigkeit“ heißt, darf das Kind ein anderes Kind aufrufen, das dann pantomimisch etwas anders darstellen darf, was seiner Meinung nach auch zu Fehlern führen kann.
Auf diese Weise finden noch ein paar Spielrunden statt.

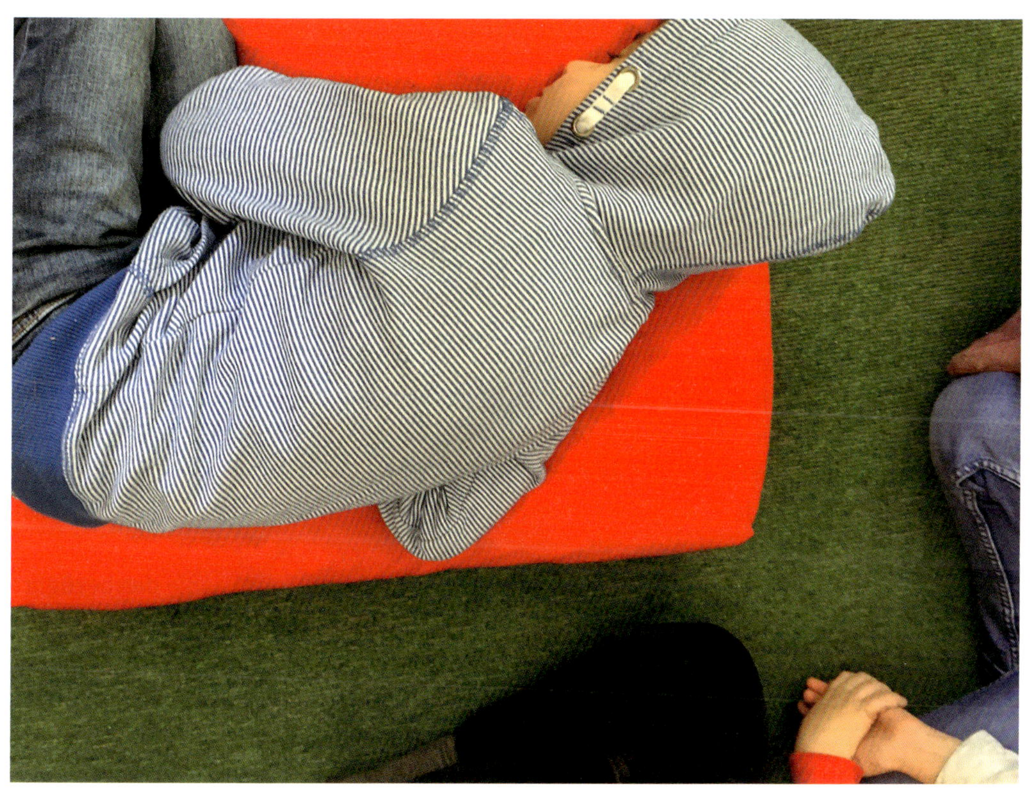

Indem die Kinder pantomimisch darstellen, was alles zu Fehlern beitragen kann, wird ihnen auch bewusst gemacht, wie sie Fehler vermeiden können.
Das kann z. B. ausreichender Schlaf, Bewegung und weniger Ablenkung durch andere Dingen (Handy, Spielsachen, ...) sein.

Was ist der größte Fehler?

Zielgruppe: 1.–4. Klasse

Material: für jedes Kind 1 weißes DIN-A3-Blatt Papier, Wachsmalstifte

Zeitaufwand: 15–20 Minuten

Spielverlauf:
Die Kinder holen ihre Malutensilien und setzen sich an einem Tisch.
Miteinander überlegen sie, was der größte Fehler im Leben sein kann. Machen Sie den Kindern bewusst, dass der größte Fehler im Leben eines Menschen nicht das ist, was gerade schiefgeht, sondern das, was sie bereuen, weil sie sich erst gar nicht getraut haben, damit anzufangen.
Lassen Sie die Kinder dann der Reihe nach kurz erzählen, was sie diesbezüglich darüber denken. Das kann z. B. die Angst vor dem Fahrradfahren oder das alleine im Bett schlafen sein.
Die Kinder sollen daraufhin eine Situation malen, bei der sie vor lauter Angst erst gar nicht anfangen wollten. Die fertigen Kunstwerke bringen sie in den Stuhlkreis. Eines der Kinder, das gerne möchte und sich meldet, rufen Sie namentlich auf. Das betreffende Kind zeigt sein Kunstwerk den anderen und erzählt, was es gemalt hat und wie es dennoch geschafft hat, die große Herausforderung zu meistern.
Auf diese Weise kommen auch die anderen KünstlerInnen, falls sie möchten, zu Wort.
Im Anschluss daran können Sie den Kindern erzählen, wovor Sie sich als Kind versucht haben zu drücken und wie sie es dennoch geschafft haben, ihre Ängste zu überwinden.

Mithilfe der Malaktion soll gezeigt werden, dass der größte Fehler im Leben nicht die kleinen alltäglichen Herausforderungen sind. Vielmehr sind es die Dinge, die man vor lauter Angst versucht zu vermeiden. Das kann z. B. die Angst vor dem tiefen Wasser sein, sodass man sich erst gar nicht zum Schwimmkurs anmelden möchte. Wenn man jedoch trotzdem schwimmen lernt, bemerkt man irgendwann, dass es eigentlich gar nicht so schlimm gewesen ist und vielleicht sogar Spaß gemacht hat.

Wo ist der Fehler?

Zielgruppe: 1. und 2. Klasse

Material: evtl. für jedes Kind 1 Rhythmusinstrument, wie z. B. Klangstäbe, Rasseln und Holzblocktrommel

Zeitaufwand: 3–5 Minuten

Spielverlauf:
Die Kinder sitzen zusammen im Stuhlkreis und sollen sich in Gedanken ein Orchester vorstellen, das gerade ein Musikstück probt. Wie klingt wohl ein vergeigter Ton oder ein verpatzter Lauf auf dem Klavier?
Unabhängig davon, muss niemand von uns perfekt sein. Damit es jedoch zu einem harmonischen Zusammenspiel kommt, sollten Fehler angesprochen und verbessert werden. Wie das vonstattengehen kann, dürfen die Kinder nun auf verspielte Weise erleben:
Während alle Kinder ihre Augen schließen, gehen Sie im Außenkreis möglichst leise links herum. Dabei tippen sie einem Kind behutsam auf die Schulter, das sich nicht zu erkennen geben darf. Kurz darauf schalten Sie die Tanzmusik ein, die alle bis auf dieses Kind rhythmisch durch Klatschen begleiten dürfen. Das Kind macht sofort mit, bleibt dabei jedoch nicht immer im Takt. Nach einer Weile schalten Sie die Musik ab und fragen nach, wer sozusagen aus der Reihe getanzt ist. Wurde das Kind von den anderen namentlich benannt, startet einen neue Spielrunde, bei der Sie wieder heimlich eines der Kinder auswählen.
Auf diese Weise finden noch ein paar Durchgänge statt.
Am Ende dürfen dann alle gemeinsam fehlerfrei im Takt das Musikstück begleiten.

Variante für die 3. und 4. Klasse:
Die Kinder erhalten Rhythmusinstrumente. Danach findet das Spiel so wie bereits beschrieben mit den Instrumenten statt. In jeder Spielrunde sollen die Kinder dann stets dasjenige Kind, das nicht immer den Rhythmus mithilfe seines Instruments begleitet, ausfindig machen.

Manchmal sind es aber auch nur Äußerlichkeiten, die man als Fehler empfinden kann. Welches Instrument passt hier auf den ersten Blick nicht in die Reihe und sorgt dennoch für Abwechslung, sobald man ein Musikstück rhythmisch begleitet? Indem Sie den Kindern das Foto zeigen, werden sie bestimmt schnell eine Antwort parat haben und begreifen, dass es hierbei auch auf die eigene Betrachtungsweise ankommt.

Wer findet die Fehler?

Zielgruppe: 1. und 2. Klasse

Material: 1 weißes DIN-A4-Blatt Papier, 1 Stift, 1 Stoppuhr oder Uhr mit Sekundenzeiger

Zeitaufwand: 5 Minuten

Vorbereitung:
Schreiben Sie ein paar Rechenaufgaben auf ein Blatt Papier, dessen Ergebnis richtig oder falsch sein kann. Die Blätter kopieren Sie dann für die Hälfte der Klasse.

Spielverlauf:
Immer zwei Kinder, die gerade nebeneinander sitzen, erhalten ein kopiertes Arbeitsblatts mit zwölf Rechenaufgaben.
Welche Paare findet die Fehler heraus und können dabei auch die Fehler korrigieren? Nach fünf Minuten ist jedoch das Spiel beendet. Zur Kontrolle teilen Sie den Kindern mit, wo sich die Fehler befinden. Diejenigen Paare, die alle Fehler gefunden haben, erhalten von den anderen einen kräftigen Applaus.

Variante für die 3. und 4. Klasse:
Schreiben Sie einen Text aus dem Lesebuch ab, bei dem sie bewusst ein paar Fehler einbauen. Den Text kopieren Sie dann für die Hälfte der Klasse. Die Kinder sollen nun zu zweit den Text korrigieren und so wie im vorherigen Spiel beschrieben nach Möglichkeit alle Fehler herausfinden und dieses Mal auf der Rückseite die gesuchten Wörter fehlerfrei aufschreiben.

Ziel ist es, dass die Kinder nicht nur Freude daran haben Fehler zu finden, sondern auch Möglichkeiten finden, um diese zu korrigieren. Indem die Kinder das paarweise machen, wird zudem die Teamarbeit gefördert und die Freude am gemeinsamen Lernen gesteigert.

Das muss kein Fehler sein

Zielgruppe: 1.–4. Klasse

Material: Knetmasse

Zeitaufwand: 10–15 Minuten

Spielverlauf:
Die Kinder dürfen etwas kneten, was sie sich in Gedanken vorstellen.
Danach begutachten sie ihre Formen, die allesamt einzigartig sind. Die Kinder dürfen nun der Reihe nach im Uhrzeigersinn, das, was sie geknetet haben, herzeigen. Dabei sollen sie auch sagen, ob sie alles so formen konnten, wie sie es sich vorgestellt haben. Falls nicht, dürfen sie den anderen mitteilen, was sie ihrer Meinung nach falsch gemacht haben.
Die übrigen Kinder hören gut zu und dürfen dann ihre Meinung dazu äußern. Dabei können sie dem Kind z. B. sagen, was sie anders gemacht hätten. Sie können jedoch auch alles als schön und perfekt empfinden.
Im Anschluss daran darf ein anderes Kind sein Kunstwerk den anderen vorstellen. Es geht so immer weiter, bis alle an der Reihe waren.

Variante für die 3. und 4. Klasse:
Die Kinder formen gemeinsam ein kleines Kunstwerk und teilen sich am Ende gegenseitig mit, ob sie alles so umsetzen konnten, wie sie es wollten. Dabei können sie auch unterschiedlicher Meinung sein. Wichtig ist jedoch, dass Sie den Kindern verständlich machen, dass es immer auf unsere Betrachtungsweise ankommt.

Mithilfe der Praxisidee soll den Kindern gezeigt werden, dass nicht alles ein Fehler sein muss, was sie vielleicht als falsch empfinden. Es muss auch nicht alles perfekt sein, um ein bestimmtes Ziel zu erreichen.

Übung macht den Meister

Zielgruppe: 1.–4. Klasse

Material: 1 großes helles DIN-A2-Tonpapier, Stift

Zeitaufwand: 15–20 Minuten

Spielverlauf:
Die Kinder sitzen zusammen am Tisch und überlegen sich, was in der Schule vielleicht nicht auf Anhieb geklappt hat, wo sie Fehler gemacht haben und wie sie sich dennoch verbessern konnten.
Die Kinder stellen dann etwas davon der Reihe nach pantomimisch vor, das die anderen erraten dürfen. Das kann z. B. das schriftliche Multiplizieren, das Lesen eines Textes oder einfach eine bestimmte Schwimmtechnik sein. Passend zu dem Thema schreiben Sie auf das Tonpapier dann das, was erst nach viel Übung gut geklappt hat.
Im Anschluss daran darf ein Kind auf etwas, das auf dem Plakat steht, deuten. Das Kind oder Sie lesen dann vor, was auf dem Tonpapier steht. Wer hat bereits ähnliche Erfahrungen gemacht?
Lassen Sie die betreffenden Kinder der Reihe nach erzählen, bevor ein anderes Kind, das Sie namentlich benennen, auf einen weiteren Punkt deutet.
Auf diese Weise geht's immer weiter, bis die einzelnen Punkte vorgelesen und miteinander besprochen wurden.

Ziel ist es, dass die Kinder erfahren, dass man sich durch Übung verbessern kann, auch dann, wenn man dabei öfters den gleichen Fehler macht. Durch die Praxisidee wird den Kindern auch bewusst gemacht, dass manche Fehler nicht nur einem selbst, sondern auch anderen passieren können.

Einen Fehler gemacht und jetzt?

Zielgruppe: 1.–4. Klasse

Material: Schminkstifte

Zeitaufwand: 3–5 Minuten

Vorbereitung:
Die Kinder zeichnen auf ihren linken Daumen ein trauriges Gesicht mit herunterhängenden Mundwinkeln und auf ihren rechten Daumen ein fröhliches Gesicht mit hochgezogenen Mundwinkeln.

Spielverlauf:
Die Kinder machen zu dem Text, den Sie vorlesen, folgendes Spiel mit ihren Daumen:

Der Erste sagt: „Ich habe einen Fehler gemacht! Oh nein!"
Der rechte wendet sich dem linken Daumen und

Der Zweite sagt: „Das kann passieren. Du bist damit nicht allein!"
der linke dem rechten Daumen zu

Der Erste sagt: „Was soll ich jetzt bloß machen?"
Den rechten Daumen kurz bewegen

Der Zweite sagt: „Manchmal hilft einfach darüber zu lachen!"
Mit dem linken Daumen in der Luft hüpfen

Der Erste sagt: „Stimmt. Doch was kann ich noch machen?"
Den rechten Daumen kurz bewegen

Der Zweite sagt: „Da gibt es ganz viele tolle Sachen!
Den linken Daumen kurz bewegen
Fragen wir doch die Kinder hier im Kreis!
Mit dem rechten Zeigefinger in die Runde zeigen
Meldet euch, falls jemand etwas weiß!"

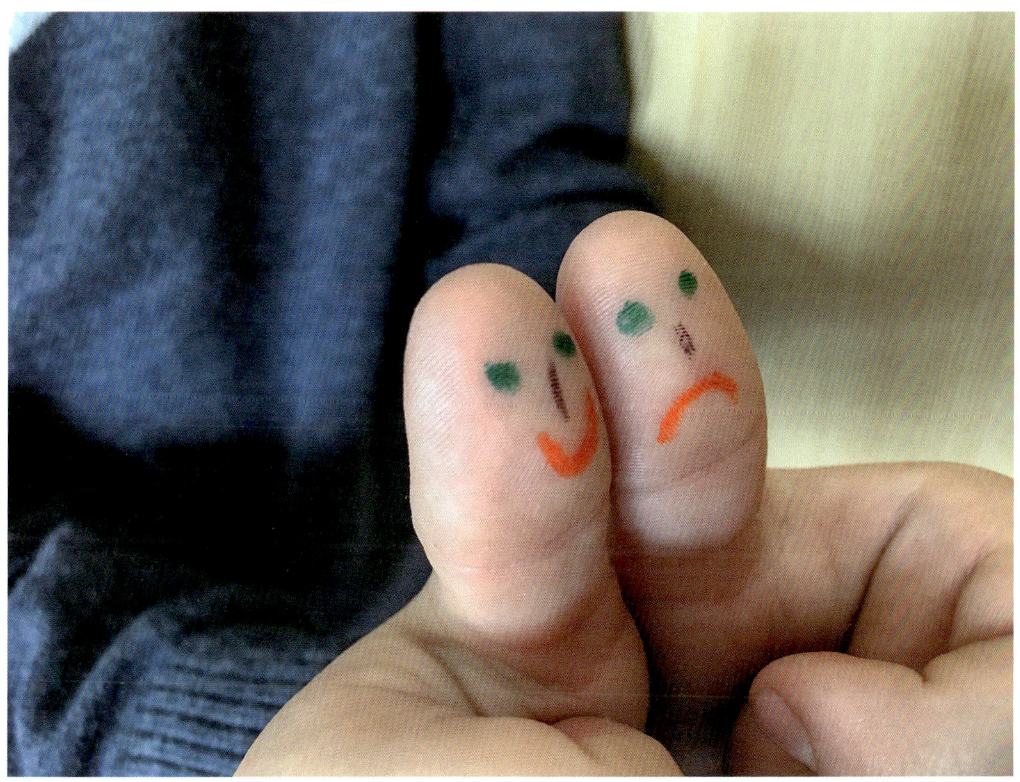

Die Kinder melden sich per Handzeichen und teilen der Reihe nach ihre Lösungsvorschläge mit, wie z. B. mehr üben, andere um Hilfe bitten, gemeinsam mit Freunden lernen oder gar im Internet recherchieren.

Das Fingerspiel soll den Kindern bewusst machen, dass man eine Menge dafür tun kann, um sich zu verbessern, sodass man das nächste Mal vielleicht weniger oder gar keine Fehler macht.

Einsicht zeigen und sich entschuldigen

Zielgruppe: 1.–4. Klasse

Material: -

Zeitaufwand: 5–10 Minuten

Spielverlauf:
Was tun, wenn man einen Fehler gemacht hat? Die Kinder sitzen zusammen im Kreis, um gemeinsam diese Frage zu klären. Dabei können Sie den Kindern auch ein konkretes Beispiel geben, indem Sie z. B. sagen:

„Stellt dir vor, du hast etwas verloren und bist der Meinung, dass es jemand anderes einfach mitgenommen hat. Das kann z. B. dein Hausaufgabenheft sein. Nach einer Weile stellst du jedoch fest, dass sich dein Hausaufgabenheft in deinem Schulranzen befindet. Was kannst du also tun, damit du deinen Fehler wieder gutmachen kannst?"

Die Kinder werden sicherlich schnell darauf kommen, dass in diesem Fall eine Entschuldigung mehr als angebracht ist. Damit sie jedoch auch ernst gemeint ist, sollte man dem Gegenüber nicht nur die Hand geben, sondern ihm dabei auch in die Augen schauen. Das Ganze können die Kinder nun üben, indem ein beliebiges Kind sich traurig in die Kreismitte setzt, da es falsch beschuldigt wurde. Währenddessen gehen Sie im Außenkreis herum, um eines der Kinder auf die Schultern zu tippen. Das betreffende Kind geht auf das betroffene Kind zu, um sich bei ihm per Handschlag zu entschuldigen. Dabei steht das Kind in der Kreismitte auf, sodass sich beide in die Augen blicken können. Indem das Kind aufsteht, signalisiert es auch, dass es bereit ist, die Entschuldigung anzunehmen. Danach tauschen beide ihre Plätze. Während nun das Kind, das sich soeben entschuldigt hat, klein macht und traurig ist, sucht sich das andere so wie Sie zuvor im Außenkreis ein neues Kind aus, das sich nun bei dem Kind in der Kreismitte per Handschlag aufrichtig entschuldigen darf.
Auf diese Weise finden noch ein paar Durchgänge statt.

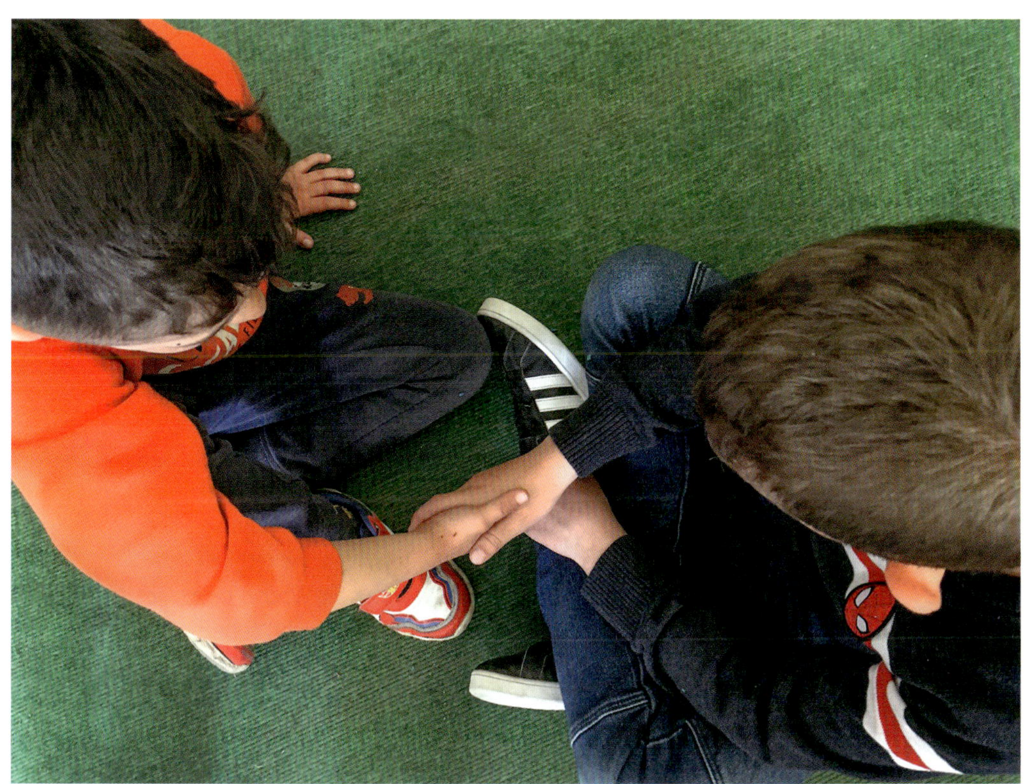

Bei der folgenden Praxisidee soll den Kindern gezeigt werden, dass man sich durchaus auch mal irren und einen Fehler machen kann. Wichtig ist jedoch, dass man Einsicht zeigt und sich dabei auch für einen gemachten Fehler entschuldigt.

Anhang

Register

Als oder wie? 118
Anreize zum Lernen 36
Arbeitsblätter einheften 26
Bunter Stuhltanz 126
Das ist die C-Dur-Tonleiter 106
Das kleine Licht 134
Das muss kein Fehler sein 156
Datum leicht merken 110
Der Begriff „Eselsbrücke“ 100
Deutsch lernen mit Bildern 82
Die drei W-Fragen 70
Eine Kugel formen und lauschen 136
Einen Fehler gemacht und jetzt? 160
Einer Geschichte lauschen 88
Einsicht zeigen und sich entschuldigen 162
Englisch durch Bewegung lernen 84
Entspannung tut gut 138
Farbenfrohe Tauschrunde 128
Fitnesslauf und Gummitwist 122
Formen legen 80
Formen und begreifen 78
Frag einfach nach! 60
Futter fürs Gehirn 48
Herzlicher Paartanz 130
Ideen für mehr Ordnungssinn 20
Immer schön der Reihe nach 64
Kennst du die Konzentrationskiller? 56
Klangschöne Auszeit 132
Klassische Musik zum Entspannen 140
Kreistanz mit einem Reifen 124
Krokodile fressen viel 116
Lernen durch Vergleichen 90
Lernen mit Post-it-Haftzetteln 66
Mein Federmäppchen 24
Meine Arbeitsmaterialien 12
Mit sich selbst vergleichen 40
Motivation im Team steigern 44
Ordentliche Heftführung 28
Ordnung im Klassenraum 30
Positiv denken 46
Rechtschreibung leicht gemacht 108
Rund ist der Kreis 114
Schmecken und lernen 86
Schritt für Schritt ans Ziel 42
Sei doch kein Trinkmuffel 74
Seilspringen und rechnen 92
So lauten die Wochentage 104
Sprüche für mehr Motivation 52
Teamarbeit macht Freude 50
Teamgeschichte 94
Übung macht den Meister 158
Unerledigt, in Bearbeitung oder fertig? 18
Unser Klassenzimmer 22
Was ich wirklich brauche 14
Was ist der größte Fehler? 150
Was ist ein Fehler? 146
Was mich ablenken kann 58
Was schreibt man groß? 112
Wasser stärkt das Gedächtnis 72
Was stimmt hier nicht? 144
Wer findet die Fehler? 154
Wer hat den Überblick? 16
Wie viele Tage hat der Januar? 102
Wissen durch Fühlen vertiefen 96
Wo ist der Fehler? 152
Wodurch können Fehler entstehen? 148
Wortsalat-Schachtel 68
Wozu lernst du? 34
Zuhören und verstehen 62
Zwischendurch loben 38

Literatur

Erkert, Andrea (2016): Clever durch die Vorschulzeit: Mit 60 Arbeitsblättern und ganzheitlichen Spielideen zu allen Bildungsbereichen. Aachen: Ökotopia.

Erkert, Andrea (2009): Das Zahlenspiele-Buch: Spiele und Lieder rund um die ersten Zahlen, Formen, Größen, Gewichten, Mengen, Uhr- und Jahreszeiten: Aachen: Ökotopia.

Erkert, Andrea (2022): Die 50 besten Spiele für die Vorschule und den Übergang. München: Don Bosco

Erkert, Andrea (2011): Die 50 besten Spiele zum Austoben. München: Don Bosco

Erkert, Andrea (2014): Im Kreis spielen & lernen: 111 Kreisspiele zu den neuen Bildungsbereichen. München: Don Bosco.

Erkert, Andrea (2020): Lasst uns an einem Strang ziehen: Teambuilding-Spiele für Kinder im Alter von 5 bis 8 Jahren. Dortmund: verlag modernes lernen.

Erkert, Andrea (2022): Wir bleiben cool!: Spielerisch innere und äußere Störreize ausblenden und sich selbst regulieren lernen. Lahr: Kaufmann.

Kubitschek, Gabriele (2014): Die 50 besten Spiele zur Resilienzförderung. München: Don Bosco.

Kurt, Aline (2015): 30 x soziales Lernen für 45 Minuten: Klasse 1/2. Fertige Stunden zur Förderung der Sozialkompetenz. Mülheim an der Ruhr: Verlag an der Ruhr.

Kurt, Aline (2015): 30 × soziales Lernen für 45 Minuten: Klasse 3/4. Fertige Stunden zur Förderung der Sozialkompetenz. Mülheim an der Ruhr: Verlag an der Ruhr

Lange, Harald (2022): Körperwahrnehmung für Grundschulkinder: Bewährte Praxisanleitungen. Wiebelsheim: Limpert.

Petillon, Hannes (2017): Soziales Lernen in der Grundschule – das Praxisbuch. Weinheim: Beltz.

Portmann, Rosemarie (2012): Die 50 besten Spiele für mehr Konzentration. München: Don Bosco.

Portmann, Rosemarie (2008): Die 50 beste Spiele fürs Selbstbewusstsein. München: Don Bosco.

Über die Autorin

Andrea Erkert ist Erzieherin, Entspannungspädagogin und Fachlehrerin einer Grundschulförderklasse. Sie hat mehrere Jahre einen 5-gruppigen Kindergarten geleitet und zahlreiche Bücher für die Krippe, die Kita, die Schule und Seniorenarbeit veröffentlicht.

Fortbildungsanfragen an: andrea.erkert@icloud.com

Raum für Notizen

Raum für Notizen

Raum für Notizen

Raum für Notizen

Raum für Notizen

Raum für Notizen

Lernen lernen – mit Spiel und Spaß

Maike Hülsmann / Julia Bauschke / Sabine Dudek / Sabine Hanstein

Segel setzen, Leinen los! Auf Piratenreise im letzten Kitajahr

Ein Programm zur Förderung schulischer Basiskompetenzen

„Segel setzen, Leinen los! Auf Piratenreise im letzten Kitajahr" ist ein bewegtes Programm zur Förderung schulischer Basiskompetenzen. Es nimmt die Kinder mit auf eine abenteuerliche Lernreise und begleitet sie in ihrem Übergang von der Kita in die Schule. Eingebettet in eine Piraten-Abenteuergeschichte bereisen die Kinder im Laufe des Programms insgesamt 8 „Inseln", die verschiedene Entwicklungsthemen widerspiegeln. Dabei greift das Programm bedeutende Bausteine der Entwicklung strukturiert auf und vertieft und stärkt wichtige basale Bausteine für das Lernen in der Schule – motorische Fähigkeiten, Wahrnehmung, Sozialverhalten, Lernkompetenzen sowie fachliche Basisfähigkeiten wie phonologische Bewusstheit und mathematische Grundkompetenzen.

„Das Buch setzt Maßstäbe für Förderprogramme im Vorschulalter und sollte in jeder Kita zu finden sein. Es eignet sich auch sehr gut für die Aus- und Fortbildung von Erzieherinnen, Ergotherapeuten und Lerntherapeuten." Klaus Seifried, Lernen und Lernstörungen

2., durchgesehene Auflage 2020, 304 S., farbige Abb., Groß-Format DIN A4, Beigabe: 340 Vorlagen als Download, Klappenbroschur, Alter: 5–7

ISBN 978-3-8080-0883-6 | Bestell-Nr. 1279 | 39,95 Euro

Ulrike Marten-Öchsner

„Hausaufgaben, oh ja!"

Begleitende häusliche Trainingsaufgaben zur Unterstützung der Behandlung und Entwicklung von Kindern im Kindergarten- und Grundschulalter

„Dieses Arbeitsmaterial für die Bereiche Ergotherapie, Logopädie, Physiotherapie, Heilpädagogik, Sozialpädagogik, Sonderpädagogik, Kindergarten, Vorschule, Grundschule bietet einen Fundus an häuslichen Trainingsaufgaben und Übungen, die den verschiedenen Behandlungsschwerpunkten zugeordnet sind. Das Arbeitsmaterial umfasst fünf Behandlungsschwerpunkte: Wahrnehmung Bewegung/Koordination, Manipulation/Feinmotorik/Grafomotorik, Planung/Handlung und Kognition/Aufmerksamkeit. Erfolge in Therapie und Pädagogik sind nur möglich, wenn therapeutische oder pädagogische Interventionen durch häusliches Üben ergänzt und weitergeführt werden. So können die behandelnden TherapeutInnen schnell und unkompliziert bereits zu Beginn oder am Ende der Therapieeinheit eine ‚Hausaufgabe' auswählen, die zu Inhalt und Therapieziel der Behandlungseinheit passt. Die Aufgabensammlung ist das Ergebnis der Verbindung von Therapie und häuslichem Üben unter Einbeziehung der Kinder und Familien. Die angefügte Wochenübersicht ermöglicht es dem Kind (oder ggf. den Eltern), das absolvierte Training zu dokumentieren." Dieter Bach, lehrerbibliothek.de

2021, 116 S., farbige Abb., Beigabe: Vorlagen zusätzlich als Download, Groß-Format DIN A4, Ringbindung, Alter: 4–10

ISBN 978-3-8080-0904-8 | Bestell-Nr. 1621 | 29,80 Euro

Gaby Hasenjürgen / Jochen Klein

SchADSkiste – Lernen mit Aufmerksamkeit

Wie Ressourcenorientierung und Methodenvielfalt zum Erfolg verhelfen

Die „SchADSkiste – Lernen mit Aufmerksamkeit" ist ein ressourcenorientiertes und praxisnahes Konzept zur Entwicklung der Konzentration, Aufmerksamkeitssteuerung und Selbstorganisation sowie konkreter Lernstrategien bei Kindern und Jugendlichen mit Konzentrationsproblemen oder mit bereits diagnostizierter AD(H)S. Gerade wenn bei Kindern und Jugendlichen bereits Resignation, Enttäuschung und auch Lernblockaden entstanden sind, brauchen sie einen individuellen, ressourcenorientierten Zugang zum „Lernen mit Aufmerksamkeit". Die SchADSkiste bietet im ersten Teil zur „Entdeckung der Ressourcen" einen Fahrplan, der es den Kindern und Jugendlichen Schritt für Schritt ermöglicht, wieder Zutrauen zu sich und ihren Fähigkeiten zu fassen und sich einem Veränderungsprozess zu öffnen, sodass wieder eine Bereitschaft und Motivation entsteht, sich dem Thema „Lernen mit Aufmerksamkeit" zuzuwenden.

Im zweiten Teil der SchADSkiste „Entwicklung der Fähigkeit Konzentration" werden dann die gängigen Konzentrationsprogramme zur Handlungsplanung und fokussierten Wahrnehmung und auch spezifische Lernstrategien, z.B. effektives Lernen bei Ablenkung, praxisnah vorgestellt.

Mit der SchADSkiste leichter und effektiver zum Ziel: Lernfreude und Lernerfolg – mit Aufmerksamkeit!

2020, 304 S., 2-farbige Gestaltung, Format 16x23cm, Klappenbroschur, Alter: 9–17

ISBN 978-3-8080-0878-2 | Bestell-Nr. 5235 | 22,95 Euro

Rezensionen:

„Mit Hilfe des Buches werden LerntherapeutInnen ebenso wie ErgotherapeutInnen und Lehrkräfte ermutigt, sich eine Schatzkiste anzulegen, um sich aus dieser zur Förderung von Kindern mit ADS-Symptomatik und/oder Lernschwierigkeiten zu bedienen. Die Kinder werden dabei begleitet, den in ihnen schlummernden ‚Schatz' zu entdecken und zu heben." Lernen und Lernstörungen

„Das Buch bietet Lern-, Ergotherapeut*innen, Sozialpädagog*innen, Förderlehrer*innen einen Fundus an Ideen, wie bei Kindern mit bereits erfolgter Diagnose AD(H)S sowie Lernblockaden durch die Aktivierung ihrer eigenen vorhandenen Ressourcen Veränderungsprozesse angestoßen werden können. Die ‚SchADSkiste' ermöglicht flexiblen Einsatz der Methoden nicht nur beim einzelnen Kind, sondern darüber hinaus lassen sich die Inhalte auf kleinere Gruppen bis hin zu einer ganzen Klasse anwenden." Wiederhold, ekz.bibliotheksservice

„Mit Gaby Hasenjürgen ist zusammenfassend zu sagen, dass die SchADSkiste bei unterschiedlichen Problemen zum Einsatz kommen kann. Vom gesamten ersten Teil der Publikation profitieren alle Kinder und Jugendlichen, bei denen es zu Lernblockaden kommt, die den Lernerfolg und, damit einhergehend Verhaltensänderungen behindern.

Der zweite Teil der Veröffentlichung ist bei den Kindern und Jugendlichen anzuwenden, bei denen in einzelnen Bereichen gravierende Lern- bzw. Lernstrategieprobleme konstatiert wurden, ohne dass aber ein ADS oder ADHS diagnostiziert wurde.

Im ersten Teil der SchADSkiste kommt es zu einer Entdeckung der Ressourcen. Im zweiten Teil steht die Entwicklung der Konzentration im Mittelpunkt." Dr. Carsten Rensinghoff, socialnet.de

141/8-22

verlag modernes lernen

Schleefstraße 14, D-44287 Dortmund
Telefon 02 31 12 80 08, Fax 02 31 12 56 40
E-Mail: info@verlag-modernes-lernen.de
Leseproben und Bestellen im Internet: www.verlag-modernes-lernen.de

Lernen lernen – mit Spiel und Spaß

NEU

Gisela Wiesner

Heilpädagogische Vorschulförderung in der Praxis

Wahrnehmungsentwicklung und ihre Bedeutung für das vorschulische Lernen

Dieses Vorschulförderprogramm dient der ganzheitlichen, grundlegenden Vorbereitung auf die Anforderungen, die ein Schulalltag an die Kinder stellen wird. Das Programm wurde nach lerntherapeutisch-heilpädagogischen Gesichtspunkten zusammengestellt und ist für die Anwendung durch fachlich ausgebildetes Personal (ErzieherInnen, LehrerInnen, PädagogInnen, TherapeutInnen und andere Fachpersonen) sowie Eltern geeignet.

Ergänzt werden diese Grundlagen durch viele praktische Spielideen zu den einzelnen Wahrnehmungs- und Lernbereichen und durch Anregungen zur Förderung und zum Aufbau der Förderplanung. Verschiedene Checklisten zur Entwicklung des Kindes, sowie Beobachtungsbögen unterstützen Förderung, Förderplanung und interdisziplinäre Zusammenarbeit. Dieses Buch bietet Fachleuten und Eltern wertvolle Hilfen und Anregungen, um Kinder „fit für die Schule" zu machen.

2022, 248 S., farbige Abb., Beigabe: Materialien als Download, Format 16x23cm, Klappenbroschur, Alter: 4–7

ISBN 978-3-8080-0911-6 | Bestell-Nr. 1335 | 21,95 Euro

NEU

Gisela Wiesner

Heilpädagogische Legasthenie- und Dyskalkulie-Förderung

Theorie und Praxis: Kinder adäquat fördern und betreuen

Dieses Förderprogramm bietet die Grundlagen, um Kinder mit Lese-Rechtschreib-Problemen / Legasthenie- oder Rechenproblemen / Dyskalkulie adäquat zu fördern und zu betreuen. Es dient als ganzheitliche, grundlegende Hilfe für die gesamte Schullaufbahn und wurde nach lerntherapeutisch-heilpädagogischen Gesichtspunkten in über 3 Jahrzehnten von der Autorin zusammengestellt sowie in der Anwendung mit ErzieherInnen, LehrerInnen, PädagogInnen, TherapeutInnen, Eltern und Betroffenen erprobt. Die genaue Diagnostik der Problematik und der differenzierte Umgang mit den Betroffenen erfordert solides Hintergrundwissen und ein gutes Einfühlungsvermögen. Darum ist es auch besonders wichtig, genau zu beobachten, ob die Wahrnehmungsentwicklung optimal fortgeschritten ist, weil ein Kind erst dann eine wichtige Grundlage für das schulische Lernen erworben hat. Es gibt immer eine Chance, ein Kind erfolgreich zu fördern. Um dies aber sinnvoll und zielgerichtet zu bewältigen, ist es unerlässlich, die Grundlagen und deren Zusammenhänge bezogen auf das Lesen, Schreiben und Rechnen genau zu kennen.

2023 (März), ca. 320 S., farbige Abb., Beigabe: Materialien als Download, Format 16x23cm, Klappenbroschur, Alter: ab 6

ISBN 978-3-8080-0929-1 | Bestell-Nr. 1341 | 23,95 Euro

Hans Jürgen Beins / Thomas Klee

Bauen ist lustvolles Lernen!

Wie Kinder spielerisch Balance finden

„Das Buch überzeugt durch die Kombination aus benötigten Alltags- bzw. Naturmaterialien, die Anbindung an Spiel- und Experimentierfreude der Kinder sowie das konsequente Verfolgen von Erfahrungsorientierung. Unaufwendig, aber effektiv gestaltete Anregungen ermöglichen den Kindern zeitgleich motorisches, intuitives, kognitives und soziales Lernen. Die vielen Fotos belegen eindrucksvoll, was Kinder miteinander und mit einfachen Gegenständen alles erkunden können. Das gemeinsame Handeln und Ausprobieren an solchen Bewegungsbaustellen hilft ihnen, ihre Welt zu entdecken, zu begreifen – aber auch zu gestalten." Dieter Wrobel, Kindergarten heute

„Es ist eines der besten Bücher, die ich jemals in der Hand hatte! Ich werde es empfehlen." Sozialpädagogin

„Die Autoren machen Lust auf noch mehr BAUEN. Im Flur, im Garten, im Bewegungsraum, in der Bauecke. Sie stellen vielfältige Möglichkeiten zum klein- und großräumigen Konstruieren und Balancieren mit Alltagsmaterialien oder Kleingeräten mit aussagekräftigen Fotos vor. Ein Buch für die Praxis von begeisterten Praktikern, bei dem Entdeckerlust und Spielfreude im Vordergrund stehen sowie eine Schatzkiste an spannenden Ideen, damit Bauen mit kleinen und großen Kindern lustvolles Lernen garantiert." Anna Kapfer-Weixlbaumer, Unsere Kinder (A)

2., überarbeitete Aufl. 2020, 160 S., farbige Abb., Format 16x23cm, br, Alter: 2–12

ISBN 978-3-942976-29-9 | Bestell-Nr. 9460 | 16,95 Euro

NEU

Petra Hilbrandt

Humus für die Wurzeln

Gartentherapie mit Kindern

Das Buch will lebensnah und praktisch zeigen, wie man diesen gartentherapeutischen Weg mit Kindern beschreiten kann. Es gibt einen Einblick in das vielfältige und abwechslungsreiche Anwendungsspektrum der Gartentherapie und beschreibt eingängig, was diese Methode in der therapeutischen Arbeit mit Kindern so wertvoll macht. Durch die Vielfalt an natürlichen Materialien mit ihren variablen Anforderungen an Körper, Geist und Seele können sehr individuelle Therapieeinheiten kreiert werden, um unterschiedlichen Bedürfnissen gerecht zu werden. Gerade Kinder, die durch Probleme in den Bereichen Lernen und Verhalten ihr Potenzial nicht ausreichend entfalten können und in dieser belastenden Situation festzustecken scheinen, können sich im gartentherapeutischen Setting neue Handlungsspielräume erobern. Der Hauptteil des Buches widmet sich Anregungen aus der Praxis für die Praxis, die sich in der mehrjährigen Arbeit der Autorin mit Kindern bewährt haben. Die abwechslungsreichen Beispiele schöpfen aus der Fülle des gartentherapeutischen Repertoires und laden TherapeutInnen, PädagogInnen und ErzieherInnen ein, den eigenen beruflichen Kontext mit Elementen aus der Gartentherapie zu bereichern.

2023 (Jan.), 192 S., farbige Abb., Format 16x23cm, Klappenbroschur, Alter: 5–13

ISBN 978-3-8080-0928-4 | Bestell-Nr. 1339 | 21,95 Euro

vml verlag modernes lernen

Schleefstraße 14, D-44287 Dortmund
Telefon 02 31 12 80 08, Fax 02 31 12 56 40
E-Mail: info@verlag-modernes-lernen.de
Leseproben und Bestellen im Internet: www.verlag-modernes-lernen.de

Soziales spielerisch lernen mit Andrea Erkert

Lasst uns an einem Strang ziehen

Teambuilding-Spiele für Kinder im Alter von 5 bis 8 Jahren
2020, 176 S., farbige Abb., Format 16x23cm, Klappenbroschur, Alter: 5–8, Euro 18,80
ISBN 978-3-8080-0872-0

Im Morgenkreis den Teamgeist wecken

Teamspiele für Kindergartenkinder leicht gemacht
2021, 176 S., farbige Abb., Format 16x23cm, Klappenbroschur Alter: 3–6, Euro 18,80
ISBN 978-3-8080-0890-4

Weniger ICH, mehr WIR

Wie Kinder durch tolle „Aha"-Erlebnisse prosoziales Verhalten lernen und alle gewinnen
2022, 176 S., farbige Abb., Format 16x23cm, Klappenbroschur
Alter: 3-6, Euro 18,80
ISBN 978-3-8080-0892-8

Kinder brauchen Herzensbildung

Spiele und andere Angebote zur Förderung der emotionalen Intelligenz
2022, 176 S., farbige Abb., Format 16x23cm, Klappenbroschur, Alter: 3–6, Euro 18,80
ISBN 978-3-8080-0893-5

Mobbing fängt klein an

Kinder an das Thema „Mobbing" heranführen und für das eigene Handeln sensibilisieren
2021, 176 S., farbige Abb. Format 16x23cm, Klappenbroschur, Alter: 5–10, Euro 18,80
ISBN 978-3-8080-0894-2

„Ich war das aber nicht!"

Wie Kinder lernen, Verantwortung für ihr Handeln zu übernehmen
2023 (Feb.), 176 S., farbige Abb. Format 16x23cm, Klappenbroschur, Alter: 3–6, Euro 19,95
ISBN 978-3-8080-0895-9

Da wächst was!

Wie Kinder in der Natur Teamfähigkeit entwickeln
2023 (Mai), 176 S., farbige Abb., Format 16x23cm, Klappenbroschur, Alter: 5–8, Euro 19,95
ISBN 978-3-8080-0896-6

Kinder brauchen Lernspaß

Lernkompetenz anders fördern – selbstständiges Lernen lernen
2022, 176 S., farbige Abb., Format 16x23cm, Klappenbroschur, Alter: 5-10, Euro 18,80
ISBN 978-3-8080-0898-0

www.verlag-modernes-lernen.de
info@verlag-modernes-lernen.de